Idea man

Idea man

能幹的人用統計思考判斷

統計思考不是遙不可及的存在，
而是可以幫助每個人的思考方式

できる人は統計思考で判断する

日生基礎研究所
主任研究員・精算師
篠原拓也◎著

李貞慧◎譯

「統計思考」教你
識破真相，正確決策，
學會用自己頭腦思考
的35堂課

推薦序

事物的本質理解了，就不會因複雜度影響正確判斷

睜開眼睛，你看到的是甚麼樣的世界？

古人才有閒情逸致看著日升月落、季節變換，隨著工業時代、資訊時代一直進展到數據時代，無論是小至該去哪裡買口罩，大到如何經營企業，一切都變得越來越複雜。因此，如何觀察事物找出最重要的核心關鍵，就成為在這個複雜的時代中生存的關鍵能力。

《能幹的人用統計思考判斷》這本書，與其說是在介紹如何透過統計分析來找出事物本質的關鍵，我認為應該說，作者是在用統計作為工具來談如何剖析問題的心法。

有時候科學是反直覺的，就像是連續投了三次硬幣都正面，我們總會覺得下一次是反面的可能性較高？從作者的角度看來，更像是人類的直覺是反科學的，因此他透過許多生動的例子（甚至有很多都跟現在疫情前後呼應，你若是覺得作

者有預知能力，你看，你的直覺又在反科學了。）來詮釋人類的心理特性是如何影響我們研判事物的本質，而唯有理解與反省這些人類直覺上的缺失，用數據來補強決策，才能避免錯誤的決定。

像是作者提到人類的心理會傾向規避不確定性，因此我們大部分所認知的風險其實不是真的會發生損失，而是我們害怕不確定性，反而選擇了不利的選項。

若是用作者書中的心法對照目前疫情現況，就可以清楚理解大家搶購口罩的行為，其實心裡都知道實際上不戴口罩的真正危害並不大，但是卻擔心未來有買不到口罩的可能，因此選擇了對於全體民眾最不利的選項——瘋搶口罩。

若是主政決策者能清楚事物的本質，就應該理解宣傳非發燒感冒者不需戴口罩這個做法是徒勞無功的，因為這並非這起風波的核心關鍵，如何降低大家對於未來可能買不到口罩的擔憂才是核心，從這個核心本質下手，就可以清楚掌握施政決策的優先順序。

從二〇一六年AlphaGo橫空出世後，許多人越來越擔憂機器的計算力有天會超越人類，甚至取代人類。以我做數據科學二十年的經歷看來，我在這行業的每一天都只會越來越讚嘆人類的智能，而感受到現在人工智能技術的不足。

在過去透過簡化的統計模型描述這個世界，後來發現這個世界就是如此複雜，企圖用簡化的數學模型來詮釋是不足的，也因此有了深度學習，那是否意味著人類的決策應該也要從簡單變複雜？我覺得這反而像是見山是山、見山不是山、見山又是山的概念。

機器由於缺乏真實的智能，因此只能透過從簡單邁向複雜來提高準確率，但是只有人類具有抽絲剝繭、御繁為簡的能力，只要事物的本質理解了，也就不會因為複雜度而影響了正確判斷。

機器的算力只是人類的工具，就算有龐大算力在手，若是決策思維不變，那就仍然只是「工人智慧」。《能幹的人用統計思考判斷》中所談的內容，我覺得不光是一流商業人士需要了解，應該是現在人都需要具備的數據決策思維。

數據決策人工智能科學家 **尹相志**

前言

在人生各個階段做出「不後悔的判斷」

現今這個年代正是「**資訊差距社會**」，資訊的解讀與運用左右人生的走向。「何為真、何為偽」，「什麼有用、什麼沒用」，用腦方法、運用時間和金錢的方法，都將隨著判斷資訊的方法大為不同。

說穿了，人生或許可說是「如何判斷資訊的累積結果」。

本書要為各位介紹有效的「**統計思考**」，讓大家能在資訊差距社會中「活得堅強又聰明」。所謂統計思考，指的就是**客觀分析**資訊是否正確，並**做出合宜判斷所需的合理思考方法**。

身為日生基礎研究所[注]保險研究部主任研究員，我的工作就是根據統計理論，研究保險事業的經營、風險管理等。在此之前，我也曾以精算師的身分參與商品開發與風險管理等業務。

這些經歷讓我深深體會到，「**人是有感情的生物，無法永遠做出合理判**

斷」。人的判斷很容易受到一時的感情左右。

有一項實驗可以證明這一點。請大家也來思考一下。

假設你走進一家餐廳，打算點一份晚餐套餐。套餐有三種，A餐六千日圓，B餐五千日圓，C餐四千日圓。價格越高，料理越豪華。

請問你會選哪一種套餐？

實驗結果發現，選中庸的B餐的人最多。「A最貴最奢侈，如果不好吃就虧大了。」、「C最便宜，但店員或其他人可能會覺得我很小氣。」這大概就是選擇B的人的想法。

這就是心理學中極為出名的「**極端性迴避**」（松竹梅法則）。

如果這家餐廳決定停止推出A餐，會出現什麼狀況？

結果選C的人竟然增加了。因為選項中不再存在「B是中庸C是極端」的架構，而C比較便宜，因此讓人覺得C比較超值。

這也證明了顧客的選擇，會隨著資訊（套餐）的提供方式而改變。統計思考不是遙不可及的存在，而是可以幫助每個人的思考方式。

排隊結帳時，「哪一排可以比較快結完帳？」

堆積如山的工作中，「先做哪一件最有效率？」

從這些日常生活的場景，到升學、就業、結婚、買房等人生的重要階段，只要運用統計思考，就可以毫不猶豫地做出合宜判斷。

當然運用在商業場合，如這項資訊到底「是真」或「是假」、這個策略「不利」還是「有利」、這個選擇「賺到了」還是「虧大了」、應該「規避」還是「承擔」這個風險……等，也一定可以協助你做出理性判斷。

從這個角度來說，**統計思考可以說是「為你解決問題，開拓人生」的思考方法。**請大家一起來快樂學習統計思考吧。

篠原拓也

注：由日本第二大人身保險公司「日本生命保險」（簡稱日生）所設立的研究機構。

CHAPTER 1

資訊「是真？」「是假？」——【推論力】

CHAPTER 2

這個策略「不利？」還是「有利？」——【決策力】

CHAPTER 3

這個選擇「賺到了？」還是「虧大了？」——【識破本質力】

CHAPTER 4

應該「規避」還是「承擔」風險——【簡單思考力】

CHAPTER 5

結果「不對」還是「合理」？——【彈性思考力】

CHAPTER

1

資訊「是真？」「是假？」

▸——推論力

統計思考讓你看清一切

我們每天都活在許多「不確定」當中。

連「明天的天氣預報」都不一定準了，更別提要「預知災害」，因此幾乎可以說我們周遭「**不存在確定**」。

「如何用取得的片斷資料去推論全體？」、「如何正確解讀資料，預測未來？」其實沒有一種方法，能「百分之百推論成功」。

推論一定有其不確定性。

但是統計學卻透過許多方法，試著提高推論的確定性。特別是推論統計學（由部分推論全體的學問）中，提高推論精度的研究可謂歷久不衰。本章將以其中一部分為「統計思考」做具體說明。

以統計思考來說，所謂推論就是「理解由已知事實和現狀形成的統計資料，再據以推論未知事物的方法」。換言之，要提高推論力，**最重要的就是「正確理**

解統計資料」。

要正確理解統計資料，就必須先知道看統計資料的訣竅。這是因為統計資料的呈現方式可以人為操縱。

以日本人的睡眠時間為例。如果只以睡眠時間短的首都圈居民資料為樣本，就可以導出比「母體」的全日本人更短的睡眠時間。如果用睡眠時間較長的三十年前資料，就可以讓睡眠時間看起來比較長。

平均睡眠時間是七～八小時，用圖表來表示睡眠時間變化時，如果縱軸是0～十小時，變化看起來就沒那麼明顯，如果用的是七～九小時，看起來就有顯著變化。

如上所述，正因為統計資料可以任意操作，所以在看統計資料時，必須注意樣本的選擇方法、資料年月日、圖表的縱橫軸標示。

把統計資料當成「活的資訊」，用來推論時，**必須正確理解資料本身代表的含意**。

本章就要為讀者介紹利用統計思考，提高推論力的九大訣竅。

LESSON
01

瞬間知道那一排「要等幾分鐘」

●運用「利特爾法則」做出聰明選擇

一眼看出個大概，是很有用的技巧。

這個技巧就是先掌握概要。不論是推論時，還是要把複雜的事情簡化時，這都是相當重要的技巧。

其實有很多數學方法可以讓人一眼看出個大概。

最具代表性的方法就是**估計排隊等候時間的方法**。接下來就根據這個方法，來看看掌握概要有什麼幫助。

日本人好像很喜歡排隊。只要受到歡迎立刻就會出現人龍。

像是遊樂園的遊樂設施、知名餐廳、大受歡迎的電玩或新手機開賣日……到處都可以看到長長的人龍。電視也常報導這些盛況。

我想很多人會覺得為了自己期待又心愛的事物排隊，並不痛苦。

話雖如此，當人在隊伍中時，大概每個人都不禁會想「到底還要排多久啊？」

想知道要等多久，這是隊伍中的人一定會有的想法。

特別是當等得很痛苦時，這種焦慮不安的心情又會助紂為虐，更讓人想知道還要等多久。

如果這一排隊伍明顯較短，就比較容易估計等候時間。

假設你在某車站購票口前排隊買票。你前面還有十個人，平均一個人購票要花上一分鐘。

此時你的等候時間估計就是十分鐘吧。但這個估計成立的前提是每一個人購票的時間都差不多，而且沒有人亂插隊等。

但如果隊伍更長時該如何是好？

請想像一條無法特定等候時間的「長長人龍」。

就算你能在隊伍最後方，估計出隊伍中大概有多少人，但卻不知道一分鐘可以讓幾個人入場。這雖然是個煩人的例子，但如果能知道等候時間，等起來也比較帶勁。

那麼，有沒有什麼好方法呢？

利特爾法則（Little's law）

此時，「利特爾法則」就是一個好幫手。

這是美國麻省理工學院的約翰・利特爾（John Little）教授，任教於凱斯西儲大學（Case Western Reserve University）時所提出的理論。

這個法則在作業研究（Operations Research）的研究領域，亦即由草擬計畫開始，針對經營的各種問題，用數學手法尋求解決方案的領域中，廣為人知。

原理很簡單。自己開始排隊後，計算一分鐘內有多少人排在自己後面。然後估計排在自己前面的人數，再用這個人數除以一分鐘內排在自己後面的人數，算出來的結果就是等候時間的估計結果。我們就來實際算算看。

假設你在遊樂場內想坐摩天輪。靠近一看發現想坐摩天輪的人潮排了一圈又一圈，形成一條大約一百人的隊伍。

自己加入隊伍後，一分鐘內後面又多了五個人。計算方法如下。

一百人除以五人即可，所以估計這條人龍的「等候時間是二十分鐘」。

就是這麼簡單！

運用利特爾法則時，要估得準有一個前提條件，那就是隊伍長度一直不變。也就是說一分鐘內辦完事的人數，和一分鐘內隊伍後方新加入的人數一樣，隊伍沒有變長或變短。

這項法則已經被運用在社會上的各種場合中。

例如工廠生產產品。

假設某製程的入口有五十單位的材料等待投入。而且該製程一分鐘內又增加了十單位的材料等待投入。

所以根據利特爾法則，此製程材料的等候時間估計為「五十除以十等於五分鐘」。

如果估計出來的等候時間，比原本想像的時間來得長，就必須分析原因，提高此製程的效率。

我們還可以利用利特爾法則，來**控制隊伍的等候時間**。

以前美國某公路收費站在決定要開幾個收費亭時，決定的基準是每個收費亭前等候的汽車不超過二十台。也就是說，當等候的汽車快超過二十台時，就會開啟原本關閉的收費亭。

假設這個收費站每秒鐘有一台車加入等候的行列，每台車最長等候時間就是二十秒。

那一排「還要等幾分鐘？」

※示意圖

這樣控制等候時間，可以減少司機們焦躁的感覺，預防車禍發生。

也有商店運用這項法則，量測每家店之間的銷售效率。

以A和B兩家漢堡店為例。

A店有十二位客人在排隊，每人等候時間為三分鐘。

B店有十位客人在排隊，每人等候時間為二分鐘。

也就是說，A店的隊伍每分鐘增加四人（12除以x為3），B店的隊伍每分鐘增加五人（10除以x為2）。

光看隊伍長度，看起來A店比較受人歡迎，可是如果用銷售效率來比較受歡迎的程度，就會發現B店其實比較受歡迎。

看到這裡各位有什麼想法？一眼看出個大概是不是出乎意料地有用呢？

LESSON 02

蝴蝶振翅表示遠方有龍捲風？

●重新檢視「初始條件」而非「結果」

現今是變化劇烈前途不明的時代。也正因為如此，如果能預測未來，一定很有幫助。

如此一來你就可以預見未來會發生的事，事先做好準備或行動。

一般來說身邊常見的預測未來事例，不外乎股價波動或企業的經濟活動，或者是天氣等自然現象。

萬一預測未來出現不好的結果，大家應該都會感到不安。

但其實根本不需要那麼擔心。

因為**預測一定會有誤差**。預測時誤差越大，結果的可信度就會等比下降。

那麼預測的誤差又是什麼？為什麼會有誤差？

話說從頭，到底該怎麼做才能預測未來？

我用統計思考來說明。

首先要建立預測所需的「模型」和「計算公式」。

其次要根據現狀設定「初始條件」，再根據初始條件將資料輸入模型和計算公式中。然後用電腦計算，就可以進行預測。

預測未來時有一個必須掌握的關鍵，也就是「**初始條件很重要**」。只要初始條件有些微變化，預測結果就會大幅改變。請看以下計算例。

（加法）

5＋7＝12……正確答案

如果不小心加成8

5＋8＝13……錯誤答案

答案只差「1」。是影響有限的錯誤。

首先是加法。假設要計算五加七。此時不小心把七寫成了八。結果原本正確答案是「十二」，卻算出「十三」這個錯誤答案。

雖然答案錯誤，但其實只相差了「一」。可說這個**錯誤影響「有限」**。

那麼如果是乘冪（自乘）呢？

（乘冪計算）如果不小心寫成5的8次方

5^7 ＝ 78125……正確答案

5^8 ＝ 390625……錯誤答案

答案差了「一位數」。是嚴重錯誤。

原本要算五的七次方，不小心寫成五的八次方。

七次方的正確答案是「78125」，可是如果是八次方，答案就變成「390625」，整整多出一位數。這可是嚴重的錯誤。

換言之，初始條件中的小小錯誤，如果是加法，結果會是影響有限的錯誤，可是**如果是乘冪計算，就會變成很嚴重的錯誤**。

數學用語將加法關係稱為線性，而乘冪計算關係則稱為非線性。可能很多人沒聽過這種說法。

簡單來說，線性關係指的就是變數 a 和變數 b 呈直線關係，也就是 a 增加，b 也會有一樣程度的增加。大家可以想一下直線圖形，就很容易了解。非線性關係指的就是除線性以外的關係。

重點是**世界上大部分的事件，都是非線性關係**。

事實上，大部分的事件都有多個變動要素為變數，變數和變數之間通常都是乘冪或乘冪再乘冪的複雜非線性關係。

這話說的也是。世界上簡單明瞭的直線關係並不常見，男女關係就很複雜（不好意思我離題了）。

蝴蝶效應（Butterfly Effect）

「混沌理論」（chaos theory）這個學問領域，研究的就是初始條件的差異對結果的影響。

預測結果可信嗎？

結果會因初始條件而大幅改變！

混沌理論中有一個出名的「蝴蝶效應」，也就是在用電腦預測自然現象發生的研究中，出現「『一隻蝴蝶在巴西振翅，和美國德州發生的龍捲風有關』的結果」。

這也就是說，就算我們透過複雜計算想預測未來，**只要初始條件有些微差異，結果就會大為不同，所以很難進行確定性高的預測**。

一九六〇年左右，氣象學家愛德華・羅倫茲（Edward Lorenz）發現只要稍微改變輸入資料時尾數的處理方式，就會出現截然不同的預測結果，並把這個現象命名為「蝴蝶效應」。

確認預測內容時，我們很容易犯一個錯，也就是不看初始條件，只看結果。

可是如同本節所述，預測會有誤差。要正確判斷預測結果，首先就要冷靜確認初始條件的變化，會對結果帶來多少影響。

這也就是用統計思考做出判斷的訣竅。

LESSON 03

用「製造批號」推論「製造數量」

●由片斷「掌握全貌」的方法

推論事物時，**大致掌握全體數量**這一點很重要。

假設某廠商的商品出現不良問題，消費者客訴電話沒停過，必須儘早止血才行。擬定對策時就必須知道不良品大概有多少，也就是必須推論數量。

在這種情形下，與其慢慢花時間和工夫去逐一細查，掌握精確數字，還不如迅速推論出大致數量。

因為只要能大致推論出全體數量，就可以思考因應對策。這是第一線現場的智慧。

那麼要如何才能輕鬆推論全體數量呢？

統計學中有**統計估計**這一門學問領域。這是根據資訊、資料，用統計手法進行推論的學問。統計估計有多種方法。其中之一就是**由片斷資訊來掌握全貌的方法**。接著利用以下事例來了解這種方法。

例 高級手錶製造數量估計

某鐘錶廠有一款接單才製造的高級手錶，製造時會打上批號，除了表示製造年份的號碼外，還會再依序加上1、2、3、……。隨機任意抽出某年製造的手錶十隻，確認批號後得到如下數字。

415　252　150　693　528　115　684　760　86　325

你可以推論出這家廠商這一年製造了幾隻手錶嗎？

或許有人會說：「幹嘛要推論啊？直接去問廠商不就好了？」

這樣說也沒錯。不過這一類的推論問題往往都有限制條件。

而且世界上充滿了企業機密，這家製造廠大概也不例外，把產能當成是企業機密，不會公開高級手錶的製造數量。

批號中最大的數字為760，表示這家廠商這一年至少製造了760隻高級手錶。問題是應該在這個數字上加上多少，來推論製造數量。

此時以統計的角度來看，「加上用最大值除以取出個數的結果再減一的數字」，是很好的推論方法。

以上例來說，就是要加上七十五隻（=760÷10-1）。換句話說，推論這一年該廠製造了八百三十五隻（=760+75）高級手錶。

當然這只是推論，並不保證這一年該廠商的實際製造數量就正好是八百三十五隻。然而如果只是要知道大致的製造數量，這個推論方法應該很有幫助。

德國戰車問題

其實這是著名的推論方法「德國戰車問題」的翻版。

二戰中德國戰車部隊擁有強大的作戰能力。同盟國軍隊為了了解德國戰車部隊的實力，透過各式各樣的諜報工作，試圖掌握現狀。其中也包含了想知道德國一個月生產幾台戰車。

因此同盟國軍隊就利用德國戰車上的製造批號進行推論。做法就和前面的高級手錶的例子一樣。

二戰結束後德軍文件被公開，得以比較戰時推論的戰車數量和實際生產數量的差異。結果發現這樣推論的結果非常逼近實際數量。

除了高級手錶和戰車之外，還有許多製品也都有製造批號，如精品鋼筆、老店的吉他和小號等。

除了製品以外，大部分的會員制組織，也都會針對會員由一號開始編號，大

大致掌握全貌！

這款高級手錶一年製造幾隻？

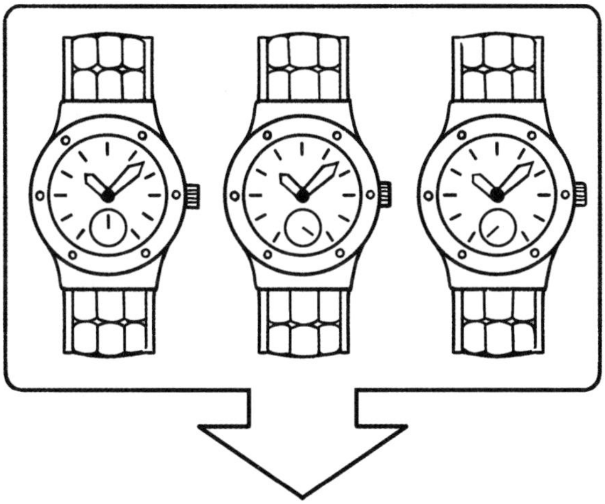

看看製造批號

415	252	150	693	528
115	684	760	86	325

最大的數字是 760

計算如下……

$$760 \div 10 - 1 = 75$$

$$760 + 75 = 835$$

所以答案是 835 隻

受歡迎的商店也會從一號開始依序發放號碼牌。

日常生活中很常會用一、二、三……的方式，依序為事物編號。不論是在商務場合或在日常生活中，大多時候我們都只能取得部分資訊。這種時候就是由片斷資訊掌握全貌的統計思考大展身手的機會了。

LESSON 04

不良品「何時・何地」發生？

●不為統計「悖論」所騙

即使資訊相同，**結論也可能因看法而異**。

特別是統計，不同的資料加工方法可能導致截然不同的結果。因此我們**必須有能力判斷資料是否經人任意加工**。

統計有一個優點，就是「可極端表現事物的優缺點」。

統計因為有量化表示資料的特性，具有不容分說的說服力。

相對地，統計的缺點就是如果整理、解釋資料的人故意惡用，**就容易導致錯誤評價或判斷**。所以統計真可說是「有利有弊」。

辛普森悖論（Simpson's Paradox）

統計中有許多欺騙人的悖論。

其中最有名的悖論之一，就是「辛普森悖論」。這是英國統計學家辛普森（Edward H. Simpson）提出的論點。簡單說明如下。

某電子廠有第一工廠和第二工廠兩座工廠。每座工廠都有產品A和B的產線。

一般製造產品時，某種程度的不良率是無可避免的。各廠商都致力降低不良率。

萬一出現不良品，必須找出是來自哪段製程、哪台機器。所以必須先統計不良品發生的實際狀況。

這家廠商的第一工廠、第二工廠也致力於品質管理，以求減降不良率。然而即使如此，仍無法避免不良品出現。該廠商透過檢查找出不良品，並自製線中排除。

某日調查不良品比率，結果分別是製品A的第一工廠不良率為五％、第二工廠不良率七％，製品B則各為二％和四％。

彙整如四十三頁表①所示。

不論是製品A或B，在第一工廠製造的製品，不良率都較低，表現較好。

接著我們一起來看看製品A和B的資料。

兩種製品合計如四十三頁表②所示，第二工廠的不良品比率略低於第一工廠。看看兩種製品的合計結果，竟然是第二工廠表現比較好，這是怎麼一回事？

單看一種製品和看製品合計，結果竟然完全相反。怎麼會發生這種事呢？

下面我們就來解謎吧！

其實，這是第一工廠和第二工廠的製品不同所導致的結果。

第一工廠主要製造容易出現不良品的製品A。

而第二工廠主要製造不容易出現不良品的製品B。

結果單看一種製品時，明明是第一工廠的不良率較低，可是如果把兩種製品加總，就會變成主要生產製品B的第二工廠不良率較低的結果。

這麼一來該如何評價呢？

是應該給「個別製品的不良率」較低的第一工廠好評？

還是給「全體製品的不良率」較低的第二工廠好評？

無論如何，我想評價時應多方考量，包含對品質管理的態度等，而不是只看不良率的實際數字。

如果有人惡意運用辛普森悖論，會發生什麼事？

假設我們發現了上述的「不良品發生狀況」。如果只看結果，第一工廠負責人應該會主張要評估製品A、B的個別不良率吧。

而第二工廠的負責人則會提倡全體製品的不良率比個別製品重要吧。

雙方都可謂是把統計結果朝對自己有利的方向解釋，誘導外人做出對自己有利的評價。

品質管理較好的是哪一個？

表① 個別看製品 A 和 B 時

	製品 A			製品 B		
	製品	不良品	不良率	製品	不良品	不良率
第一工廠	800 個	40 個	5%	200 個	4 個	2%
第二工廠	200 個	14 個	7%	1,800 個	72 個	4%

第一工廠的
成績比較好！

表② 製品 A 和 B 合計時

	製品 A 和 B 合計		
	製品	不良品	不良率
第一工廠	1,000 個	44 個	4.4%
第二工廠	2,000 個	86 個	4.3%

這下反而是第二工廠
的成績變好了！

如果你是負責評價的人，可不能輕易受騙上當。

統計可以透過呈現資料或數值，讓交涉或討論的進行更為順利，威力絕佳。所以更要注意運用和接收的方法。

如辛普森悖論所示，如果朝對自己有利的方向去解釋統計結果，斷章取義，就可能喪失統計本身的可信度。

統計的資料、數值是否有經過人為任意操作？

改變資料、數值的看法，結論會不會改變？

請養成看到用資料或數值整理出的資訊時，不要直接照單全收，而是先停下來，用自己的頭腦想想看的習慣。

LESSON 05

一家店的來客多寡，幾乎會維持在「座位數的六成」

●人的行動出乎意料地「隨機」

現代社會到處都是人。

每年到了掃墓或新年期間，總是因為龐大的返鄉人潮到處塞車，火車也是擁擠不堪。

知名拉麵店門口永遠有一條長長的人龍。

遊樂園的當紅遊樂設施，有時一排就要排上二、三個小時。

我們常認為「擁擠＝不愉快」，其實並非一定如此。

例如當你一個人進入咖啡廳或餐廳時，卻發現店裡只有你一個客人。如果你有正面積極的想法，認為「太棒了！我可以獨占這家店！」那當然很好。可是大多數人看到這種情形，應該會有一點不安吧。

「這家店是不是風評不好啊？是不是過去出過什麼包，導致客人都不想來了？還是口味有問題？太貴？說不定是店員的態度有問題……」

一旦在意起來就沒完沒了。

也就是說人們「雖然不喜歡擁擠」，但「也不喜歡一點也不擁擠」。

人類還真是任性啊！

El Farol酒吧問題

那麼人氣商店的擁擠程度又是如何決定的呢？

關於這個問題，賽局理論中有一個名為「El Farol酒吧問題」的研究。

El Farol是位於美國新墨西哥州聖塔菲的一家人氣酒吧。這家酒吧很小，客人不超過座位數的六成時，大家都覺得很舒適。可是人數超過座位數六成時，大家就會覺得不舒服。

在來店之前，沒有人知道這家店有多擁擠。

而且來店後也不知道還會不會有其他客人上門。

此時這家店的擁擠程度大概會落在什麼水準呢?該如何推論?

來店後覺得舒適的人應該會想再來。

而覺得不舒服的客人，短時間內可能都不會再來了。

也就是說，在店裡人數還不到座位數六成時來店的客人，會想立刻再度光臨；而來客數超過六成後來店的客人，應該暫時不會想再來。

如果客人都只依賴自己上次來店時體驗到的舒適程度，來決定是否再度光臨，這家店每日的擁擠程度應該會劇烈波動。

「上次來店時覺得很舒適的人，第二天一定會再來」、「覺得不舒服的人，一定是一週後再來」，如果這個法則成立，這家店的擁擠程度一定變動劇烈。

像這樣假設所有人都按照相同法則行動的話，一家店的擁擠程度有時會擠到不行，有時又門可羅雀。

如果客人的行動是隨機的，又會如何呢？

上次光臨覺得舒服的人，有很高的機率第二天會再光臨。

覺得不舒服的人第二天來店的機率很低。

如此利用統計思考，以隨機為前提來設定，一家店的擁擠程度慢慢就會收斂到座位數的六成。實際進行實證實驗，也得到穩定在六成左右的結果。

這就表示每位客人根據自身體驗採取行動的同時，**還會採取隨機行動，因而達成適當的均衡**。

比方說上次光臨覺得很舒服的人當中，或許有人會想把機會讓給其他人。反之，上次光臨有不好經驗的人，或許也有人學不乖，第二天又上門了。

所以人類的行為不會只遵循一個法則，可想成有各式各樣的模式。是否光臨這件事在隨機決定的前提下，整體擁擠程度因此形成適度的均衡。

酒吧擁擠程度如何決定？

客人隨機行動的話——

上次光臨覺得舒服的人 ⇒ 第二天又光臨的機率很高。

上次光臨有不好經驗的人 ⇒ 第二天不光臨的機率很高。

結果擁擠程度大概會穩定在座位數的六成。

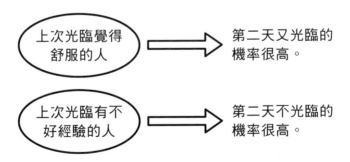

說到機率，有人可能會覺得好像是很專業高深的數學。其實每個人每天無意之間採取的行動，都包含許多隨機要素。而且人的行動可以用「統計思考」加以說明。

假設現在你要去超市買今天要烹調的食材。

你可能會因為看到有特價，就買了原本沒有要買的食材。

反之，也可能因為原本打算買的食材太貴，而放棄購買。

這些小事都是大家日常生活中常有的經驗。日常生活中大家也不會特別意識到自己做了相關決定。

正因為這些不經意的判斷，才能達成適度的均衡。這其實是很常見的現象。

返鄉大車陣、當紅拉麵店、人山人海的遊樂園，都可說是大家不經意做出判斷的結果。

如果真的不想陷入人海車陣，其實有很多行動可以規避。然而在人海車陣中的人卻沒有採取相關規避行動。排在長長人龍中的人，內心其實對於這種均衡的擁擠狀況感到安心也說不定。

人類不會根據單純的理論行動，而是隨機行動，這樣想應該比較符合現實社會的狀況。

LESSON 06

「有付出就有收穫」就統計來說，正確嗎？

●某天突然「開竅」的法則

預測事物變化時，事先掌握住變化模式很重要。

這是因為事物的變化，如某地一天之內氣溫變化的模式、人與人之間互相感染並擴散的模式、一國年齡人口結構變化模式等，通常都有某種模式——統計趨勢可循。

要確認預測是否合宜，最有效的做法就是**比較預測結果和變化模式**。

接下來就舉一個常見的共通模式為例。

大多數人每天都努力工作、讀書或運動。

可是我們也都知道，並不是有付出就一定會有收穫。

藥物用量和作用的關係……

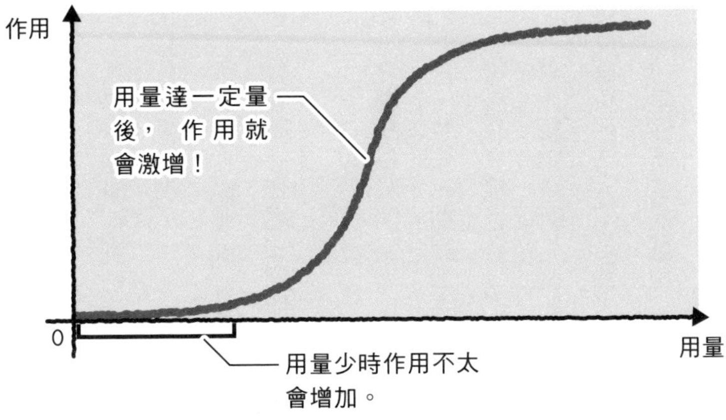
作用
用量達一定量後，作用就會激增！
0
用量
用量少時作用不太會增加。

※示意圖

另一方面，有時我們也會突然靈光一閃「突破」瓶頸，像是工作技巧突飛猛進、原本不懂的學習內容豁然開朗、運動員成績創個人新高等。

S函數（Sigmoid Function）

這表示傾注的努力和成果之間，並非單純的正比關係。有一個著名的算式正好可以表示這種努力和成果的關係。

這個算式就是藥學領域所謂的「S函數」，用來表示服用藥物量和藥效作用的關係。

請看上圖。

一看就知道藥物用量和作用之間，並非單純的正比關係。當藥量少時，就算再增加一點用量，作用也幾乎不會增加。可是當用量達到一定量後，作用就會激增。之後就算再繼續增加用量，作用也只會緩慢增加。

因為這個函數曲線呈S形，也有人稱之為「S曲線」。藥學領域利用此函數，針對藥品作用和副作用，進行藥物毒性和合併用藥等研究。

在藥學以外的領域也可以看到S曲線。例如感染症在沒有免疫的社會中擴散的狀況，也用S曲線來表示。

假設有一位患者得了一種人傳人的新感染症。首先感染症會先擴散到這位患者的家人朋友和周遭的人。在這個階段社會中得此感染症的人還是極少數。

可是隨著二次感染、三次感染……，感染人數快速增加。之後隨著多數人被感染，開始出現對此感染症的免疫力，感染人數的增加就會趨緩了。

S曲線也適用在新產品普及等情形，家電產品或資訊裝置就是典型的代表例。由昭和四十年代（一九六五年～一九七五年）彩色電視機的普及，到昭和末期至平成年代（一九八〇年～）的電腦普及、近年智慧型手機的普及等，都呈S曲線。

總而言之，S曲線表示疾病感染率和產品普及的狀況，因此又被稱為「成長曲線」。

其實很多人在日常生活中都體驗過S曲線。上下班、上下學時的通勤電車就是一例。

由離站到進下一站之間，電車的速度並非一直相同。離站時電車會慢慢加速到一定的速度。然後會以此速度行駛一段時間。等到接近下一站時，又會開始慢慢減速，最後進站停下。

開車也是一樣。

像這樣以時間為橫軸，行進距離為縱軸，像畫一條S曲線一樣地前進，就可以平順地加減速，讓車上的乘客有舒適的乘車體驗。

再看看運動的例子，我們用努力為橫軸，成果為縱軸來看。初學者如果只經過稍微練習，無法在大小賽事中留下什麼好成績。

可是不斷地努力到達某種狀態後，成績就會突飛猛進，在各比賽留下佳績。這也就是一般人常說的「脫胎換骨的狀態」。

接著由這個狀態再繼續努力，希望達到更好的成就。可是又陷入撞牆期，很難有完美的表現……。整個運動生涯不斷重複這個過程。

運動選手的成長過程可說正符合S曲線。

大家覺得如何呢？過去持續的努力雖然還沒開花結果，可是如果就此放棄，真的非常可惜。我想看了上述例子，大家應該都能理解到這一點吧。

努力卻看不到成果，覺得痛苦不堪時，就想想S曲線（成長曲線）吧。這樣應該可以讓自己有持續下去的勇氣。

某天突然突破瓶頸！

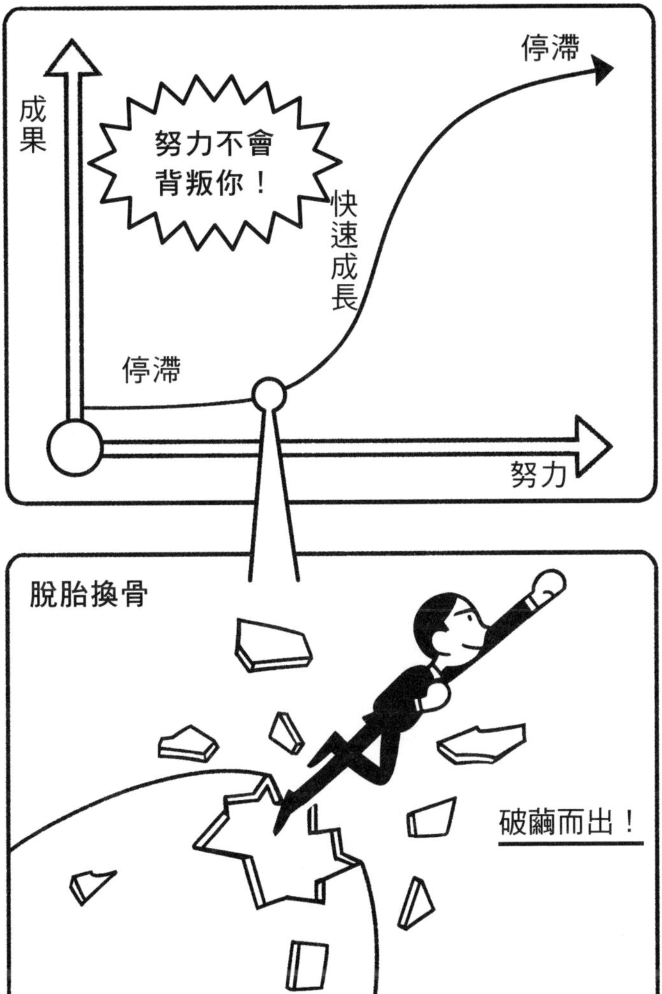

LESSON
07

「喝咖啡就生病」真正的原因是？

●導致結果錯誤的「干擾因子」

事物一定有「原因」和「結果」。

如果能推論出「因果關係」，就可以改善事態，或避免不好的事態發生。

在統計學、行銷、社會政策等各種領域，都已經在進行因果關係的推論，如「氣溫和冰淇淋營業額的關係」、「社會貧窮率和健康差異的關係」等。醫療領域中的流行病學，疾病發生機制的研究更是興盛。

流行病學就是運用統計學，闡明人類健康狀態和疾病關係的學問。

流行病學過去曾有「人、原因、環境」三要素並存時，疾病就會發生的論點。

舉例來說，每年冬天日本都會發生流行性感冒。流行性感冒的原因就是流行性感冒病毒。

為了對抗病毒，就採取了施打疫苗的預防措施。

不過就算感染到病毒，也不一定就會出現流行性感冒的症狀。有些人會發病，有些人不會。

一般來說，抵抗力較差的嬰幼兒和高齡者容易發病，而青壯年人體內的免疫機制可抑制病毒，比較不容易發病。

此外，就算抵抗力差不多的人，也會因為所處環境不同，而有發不發病的差異。

廁所洗手台有準備肥皂，鼓勵大家常洗手的公司和學校，和沒有這麼做的公司和學校相比，病毒感染的擴散程度當然不同。

流行病學的主題是闡明「人生病的因果關係」，也就是要找出因為有「原因A」，導致出現「疾病B（結果）」的關係。

此時如果除了A（原因）、B（結果）之外，還有會影響A和B之間因果關係的事件C時，就會有問題。

我們稱C為「干擾因子」。簡單來說，也就是「**是否潛藏著其他因素**」。

嚴格來說，C要成為干擾因子，必須符合以下三個條件。

①事件C和原因A有關。

②事件C會影響結果B。

③事件C並非原因A和結果B的中介變數。

順帶一提，所謂的中介變數，指的是原本就位於原因和結果之間，受到原因影響而影響結果的變數。

用示意圖來表示，如下頁圖所示。

檢討流行病學因果關係時，推論是否存在干擾因子很重要。因為**忽略干擾因子，可能會出現意外的因果關係**。

出現意外的因果關係的理由

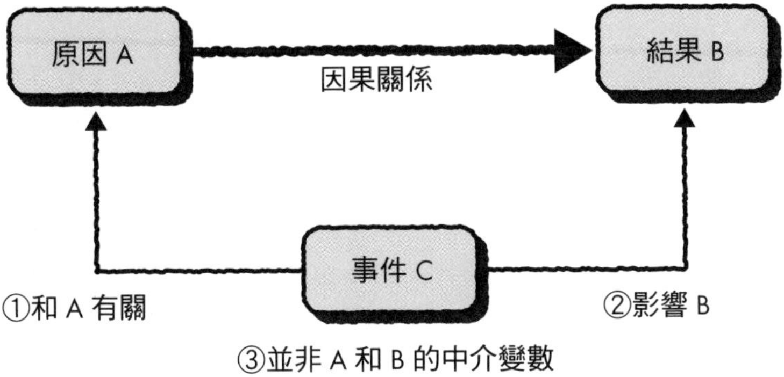

最近的研究顯示，咖啡可讓血管內因血液凝固而形成的血栓變小，具有預防腦中風和急性心肌梗塞的效果。

可是某項調查卻出現完全相反的結果，發現常喝咖啡的人容易腦中風這種因果關係。

這真是讓人頭痛。

此時就要懷疑是否有干擾的因子存在。

同樣的流行病學調查中，常見的干擾因子是吸煙。

其實常喝咖啡的人，很多人也吸菸（條件①）。
已知吸菸會影響腦中風的發病機率（條件②）。
吸菸並非咖啡和腦中風的中介變數（條件③）。

因為吸菸符合做為喝咖啡（原因）和腦中風發病（結果）的干擾因子的條件，因此這個調查必須排除吸菸的影響，重新檢討因果關係。

去除干擾因子影響的方法已知有數種。再用上述咖啡和腦中風的因果關係為例來說明。

首先可考慮自調查對象中排除吸菸者。

或者也可以考慮讓常喝咖啡組和不常喝咖啡組內，都有相同比例的吸菸者。

像這樣**在調查階段控制調查對象**，就是去除干擾因子影響的方法之一。

推論因果關係必須謹慎……

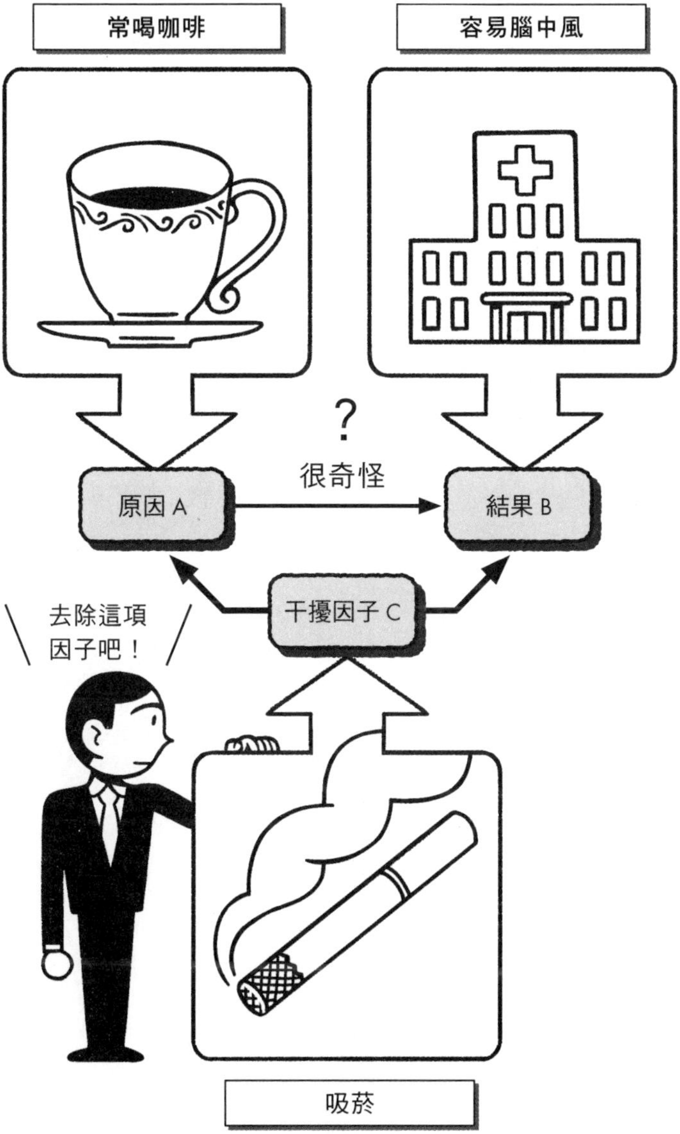

另外一種方法就不是在調查階段處理，而是**在分析調查結果的階段，看看干擾因子的影響**。

具體來說就是分組時不只分成常喝咖啡組和不常喝咖啡組，而是再分成吸菸者和非吸菸者，總共分成四組，進行統計分析。

不過因果關係的分析有時也很難做。最常見的狀況就是不一定能順利找出簡單明瞭的干擾因子，如上例中的吸菸。

有時找不出明確的干擾因子，有時干擾因子又不只一種，而是有多種因子，這些干擾因子對推論結果有複雜的影響。因此流行病學的因果關係探討，必須對干擾因子進行慎重的考察。

不只是流行病學必須謹慎以對。

比方說老婆在老公的襯衫上發現了口紅印，因此馬上推論老公有外遇，這樣可能太過武斷。假設外遇的人多搭私家轎車，沒有外遇的人常搭電車，那麼擁擠的通勤電車可能就是干擾因子，導致明明沒有外遇，卻出現口紅印的結果。

這可能是個太過牽強的例子。因為實在沒有明顯的證據，證明「沒有外遇的人常搭電車」。

總之推論因果關係時，大家常有連結某種現象和結果，以求立刻導出結論的趨勢。

當你覺得因果關係好像太過武斷時，就必須謹慎以對，懷疑是否推論中受到某種干擾因子的影響。

LESSON 08

「很難擺脫」低潮的心理

●「有二就有三」的法則

「預測未來」時，參考「過去經驗」很有效。

電力公司預測一日尖峰用電量時，或是企業擬定事業計劃時，也都會先從過去的經驗學習，這可說是預測未來的捷徑。

不過向過去經驗學習也有訣竅。接下來以寫事業計劃為例，請大家一起來想一想。

擬定企業的事業計劃時，不能不考慮到將來的環境變化。

首先要預測未來五～十年，經營環境會如何改變。

其次再根據上述預測，設定「中長期經營目標」和「各年度目標」，擬定要實現的經營計劃。

預測未來的環境變化可說是擬定計劃的第一步。

所以問題就來了。

到底應該如何預測未來的經營環境呢？

沒有人可以正確預測出幾十年後的事。那麼有沒有可能針對今後十年內的事，做出較精確的預測呢？

所以才會有智庫或經濟專家等公布一定期間的展望。當然有時展望的內容隻字未提未來的預測。

在這種情形下，經常採用的方法就是延長到目前為止的趨勢，也就是「到目前為止的趨勢，今後大概也會持續下去吧」的方法。

外推偏見（Extrapolation bias）

然而延長到目前為止的趨勢，這種方法卻可能引起「外推偏見」的問題。

大家可能對這個名詞很陌生。所謂外推偏見，指的就是**用統計手法預測未來時，過度依賴到目前為止的趨勢而產生的偏見**。

說得更簡單一點，就是指「**有二就有三**」這種很武斷的預測。「既然沒有任何可用來預測的線索，那就先延伸目前的趨勢吧！」因為這種想法而陷入外推偏見狀態的人，還出乎意料地多。

延長到目前為止的趨勢，也就表示「維持現狀」。從某個角度來看，這是一個很有魅力的想法。因為只要說明「沒有其他特別值得檢討的要素，所以按現狀預測」，很容易就可以說服上司或周遭的人，而且也很適合拿來當成說服自己的藉口。

就算結果和過去的趨勢不同，也有藉口可以說「在那個時間點，檢討的要素不包含這一項，所以這是意料之外的狀況，也是沒有辦法的事。」

在運動的世界中，外推偏見又被稱為「**熱手謬誤**」（hot-hand fallacy）。這是行為經濟學的術語。

不要輸給「維持現狀」的誘惑！

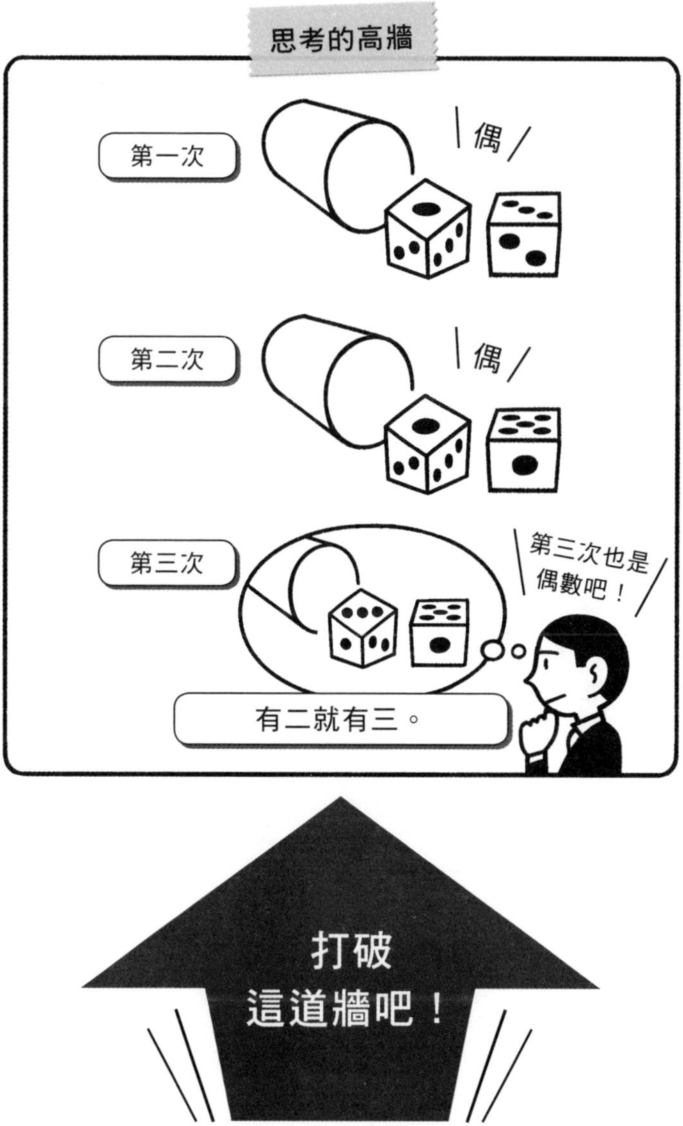
思考的高牆
第一次
偶
第二次
偶
第三次
第三次也是偶數吧！
有二就有三。
打破這道牆吧！

所謂熱手（Hot-hand），指的就是手感正好、絕佳的狀態。這種謬誤指的就是大家通常會覺得**狀況好的選手會一直好下去，一旦陷入低潮就很難擺脫**。

例如有位職棒選手，狀況好的時候每場比賽都會出現連續安打，還以為他會一直這樣下去，誰知道他突然陷入不明原因的低潮，連續十幾個打席都打不出安打。

籃球比賽也一樣。每場比賽都成功投籃幾十次的選手，突然有一天開始怎麼投都投不中。

這些選手可能就是陷入了熱手謬誤的狀態。

那麼如何才能避免外推偏見呢？

其實這不是一件簡單的事。因為**人很難擺脫過去經驗的影響**。特別是這個過去的經驗，如果是很順利的「成功體驗」，那就更難擺脫了。

然而現今是變化劇烈的時代。如果不能配合周遭環境變化，彈性因應，很容易就會跟不上時代的腳步。

不論變化如何劇烈，一定會有某些預兆。

例如智慧型手機、ＬＥＤ燈泡、環保車等近年來的暢銷商品，在正式普及之前，其實就已經是一些媒體常提及的話題了。

所以第一個關鍵，就是隨時關心流行資訊，永遠張開觸角做好準備，以掌握變化的預兆。

另外也要建立思考的習慣，考慮因應周遭環境的變化，應該如何改變自己的行為。徹底貫徹這種態度，可說是避免陷入外推偏見狀態的訣竅。

當然就算預測了未來，也不能執著在自己的預測上。應該定期比較預測和現狀的實績，彈性修正預測的內容。

不要用放棄的態度，認為「反正沒人知道未來的事」，而是要有意識地感受現在正在發生的「變化新芽」，這是最重要的一點。

LESSON
09

「身高較高的人體重較重」是真的嗎？

●小心「迴歸分析」的陷阱

統計常使用「迴歸分析」的手法。

簡單地說，迴歸分析就是要闡明複數事物之間的關係。

例如「什麼樣的顧客比較會買房車？」等汽車銷售公司的市場調查。

「三年二班的國語和英語考試成績有什麼關係？」等學校教育的成效分析。

日常生活中很多場合都會用到迴歸分析。

迴歸分析的內容看起來好像頭頭是道，所以很多人就忘了去質疑。其實絕對不可以輕易相信迴歸分析的結果。

那麼到底應該質疑迴歸分析的什麼地方呢？以下就來具體說明。

迴歸分析和相關關係

假設我們根據實驗、觀測、問卷等資料，推論「因為○○而導致□□的結果」。最常見的一個例子就是「身高和體重的關係」。

假設我們根據某成年男性群組的資料，做出「身高較高的人體重較重」的推論。以橫軸為身高，縱軸為體重畫出分布圖，把各資料標繪在表上，就可以知道大致的趨勢。

每個人的體格不同，有人高瘦，也有人矮胖。話雖如此，一般來說粗壯的人比起瘦弱的人，有「身高較高體重較重」的趨勢。因此「身高較高的人體重較重」的推論，應該也沒什麼錯。

用圖來表示這個關係，最常用的就是迴歸分析。

在迴歸分析中，會利用統計手法，在分布圖上拉出一條**顯示資料分布趨勢的直線**。如果這是一條左下右上的直線，就表示身高和體重之間，存在著身高較高的人體重較重的關係（參閱七十五頁圖）。

這條直線和各資料之間的距離越短，就表示這條直線越精確。橫軸和縱軸的相關程度，則以相關係數來表示，數值在+1到-1之間。

相關係數為正時，表示為**一方數量增加，另一方數量也會增加的正相關關係**。「身高和體重的關係」就是正相關。

反之，**一方數量增加，另一方數量則減少時就是負相關關係**。

相關係數數值越接近+1或-1時，表示**高度相關**，接近0時表示**很不相關**。

現在我們可以利用試算表或各種統計工具，簡單進行迴歸分析，活用在各種統計分析的場景中。

然而迴歸分析隱含著幾個應該注意的陷阱。

第一個陷阱就是**資料分得越細，相關性越高，但結果越複雜**。

比方說在身高體重的例子中，將群組分成二十~三十九歲、四十~五十九歲、六十歲~等組別，各自進行迴歸分析，相關性自然會比未分組前來得高。

這樣做看起來比較精準，可是分析結果也會變成複數結果，變得更為複雜，

身高和體重的分布圖

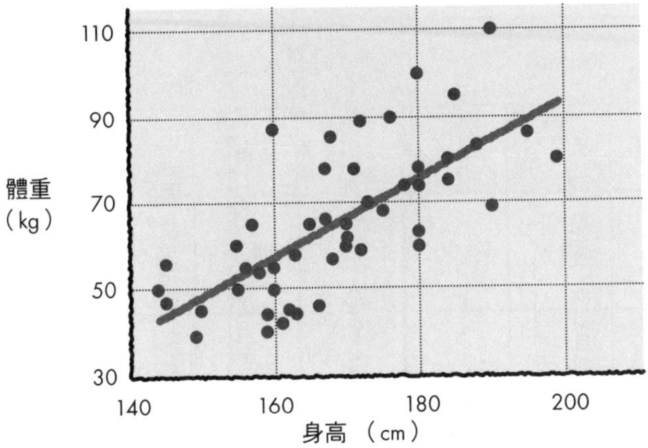

※示意圖

這一點也要小心。

再者各年齡組如果再細分出有控制飲食和努力運動的人，和沒有這麼做的人，再個別進行迴歸分析，相關性可能更高。

可是分得越細，分析結果就越複雜，越難理解。

第二個陷阱就是**倒因為果時，會得出奇怪的推論**。

迴歸分析雖用直線表示兩者的關係，卻**並未明確顯示出兩者之間的因果關係**。

以各大都市警察人數和犯罪率的

關係為例，可知兩者之間為負相關。

合理的推論是「警察人數越多，犯罪率越低」。可是如果推論成「犯罪率越低，警察人數越多」，就很奇怪了。

第三個陷阱是**勉強硬拉出一條直線也沒有意義**。

以棒球比賽中中繼和救援投手為例，看看他們在牛棚的練投數，和實際上場比賽投球結果的關係。

中繼和救援投手在牛棚熱身時，必須練投幾球，否則上場也投不出好成績。可是如果練投太多球，又會太疲勞而影響上場時的表現。

也就是說，牛棚練投數和上場比賽的投球結果之間，並不是單純的直線關係。此時不應執著在直線，而應該考慮最接近的曲線。

第四個陷阱就是**不應該只靠迴歸分析，勉強推論**。

二〇〇〇年代日本六十五歲以上人口增加，美國手機用戶數也增加。如果用迴歸分析來看，會以為兩者之間高度正相關。

可是因此推論「二〇〇〇年代因為日本六十五歲以上人口增加，所以美國手機用戶數也增加了」，實在很可笑。

最後第五個陷阱是應用篇的陷阱。

也就是**「多元共線性」問題，亦即預想有複數原因進行分析時**可能發生的問題。

這個部分有一點困難，跳過不看也無妨，有興趣的人可以接著看下去。

舉例來說，用前面的警察人數和犯罪率的例子，再加入警車數量，試著推論出「警察人數和警車數量多，犯罪率較低」。

這就是所謂的「多元迴歸分析」。也就是希望透過加入警察人數和警車數的算式，更仔細地表現犯罪率。

此時可能得出「警車數越多，犯罪率越高」的分析結果。這會發生在被當成原因的警察人數，和警車數之間有高度相關時。

在算式上，「警察人數越多，犯罪率越低」的關係太強，警車數量和犯罪率的關係好像要否定上述關係一樣，因而呈現出和原本相反的關係。此時就必須利用去除警察人數等方式，再次分析警車數和犯罪率的關係。

綜上所述，迴歸分析潛藏著陷阱。

迴歸分析可以做為推論的佐證，但卻不能只依賴迴歸分析，來證明推論的正確性。

CHAPTER

2

這個策略「不利？」還是「有利？」

▶——決策力

用「假設」思考，即可做出正確決斷

人生，就是一連串的選擇（Life is a series of choices）。

這是劇作家莎士比亞《王子復仇記》中的名言。

日常生活中每個人都會面臨各式各樣選擇的場景，必須做出抉擇，像是「今天要穿哪件衣服」、「晚餐要吃什麼」、「放假要做些什麼」……。

由這些「小抉擇」，到升學、就業、結婚、購屋等左右人生的「重大決定」，抉擇的內容種類繁多。

問題在於**要決定的內容越重要，我們就越難做出抉擇**。這是因為人們「不想失敗」的防衛本能作祟。所以我們會有源源不絕的煩惱。

那麼到底該怎麼做，才不會猶豫不決，能做出正確抉擇呢？

做出抉擇前必須「收集」、「分析」資訊。話雖如此，資訊也不是有就好。資訊的收集、分析也是有訣竅的。

統計思考重視要收集**「做出抉擇必要的判斷材料」**。

也就是**建立可以將自己導向正確抉擇的假設，並收集足以佐證的資訊。**

以買車為例。首先先建立「有車的話購物比較輕鬆」的假設。然後比較開車和坐電車的差異，針對移動時間、費用、搬運行李的勞力等，收集「可以輕鬆多少」的資訊。

如果能夠證明自己的假設正確，就可以果斷做出判斷。

而分析資訊時要小心「**數值的看法**」。

這是因為根據多個數值資訊比較時，**比較結果會因為使用的指標數值而不同。**

最簡單的例子就是棒球投手的成績。投手的成績好或不好，會受到判斷的基準是防禦率還是勝場數影響。

滿意度調查等市調結果也要小心使用。因為結果很可能會受到調查對象的人數、屬性、問卷內容等影響。

利用統計思考收集、分析資訊，就容易做出正確抉擇。

本章要介紹利用統計思考做出合理抉擇的七大訣竅。

LESSON 10

「彩券獎金」會消失，一如預期

●「不輸給金錢誘惑」的思考方法

一個人的行為很容易反映出他的性格。特別是花錢的方法，更可以突顯出一個人的個性。

比方說有些人屬於「消費型」，只要喜歡，花錢就不手軟。也有些人屬於「節儉型」，會忍住自己的慾望，腳踏實地存錢。

當然也有很多人當花即花，當省即省。不過不管是哪一種人，從一個人的金錢價值觀就可以看出他的性格、個性。

那麼「花錢的方法」和「如何賺到錢」之間，有什麼相關關係嗎？

花錢的方法會受到如何賺到錢的影響嗎？

這也會如實反映出一個人的性格、個性嗎？

假設你手邊現在有一百萬日圓，這筆錢有以下三種使用方法。

①出國旅行，大手筆地花在餐飲和購物上。
②做為生活上的必要經費，如用來修繕老舊自宅等。
③存在銀行，有備無患。

而賺到這一百萬日圓的方法，則大膽限定為以下兩種方法。

一、一年內每晚加班到很晚，一點一滴累積到一百萬日圓。
二、很幸運地買彩券中了一百萬日圓。

①~③的花錢方法，會因為賺到這筆錢的方法不同，而有差異嗎？
這裡應該注意的是**不論是怎麼賺來的，這筆錢都是一百萬日圓**。
錢沒有顏色。這點大家都知道。

可是實際上當眼前的一百萬是一年來辛辛苦苦攢下來的，不知為何對這筆錢的看法就是會不一樣，很容易就會覺得適合存在銀行以備不時之需，或是買一些可以留給子孫的東西。

如果是買彩券幸運得來的一百萬日圓，就很容易覺得適合大手筆地花掉。

大家怎麼想呢？

賭資效應（House Money Effect）

事實上，行為經濟學的實驗結果顯示，**比起辛辛苦苦一點一滴賺來的錢，人們比較容易一口氣花掉幸運得來的錢。**

這就是所謂的「賭資效應」。原文中的「House」指的就是賭場，因為人們常常會把賭博賺來的錢大膽花掉，所以才有這種說法。

賭博或投機性的資產運用，必須小心賭資效應。

假設你靠著短線炒匯賺了五十萬日圓。這種獲利很容易被認為是天上掉下來的錢。然後就很容易出現「反正是天上掉下來的錢，虧了也沒關係」的想法。

因為「損失五十萬日圓也無妨」的想法，就更大膽地投入短線炒匯，這是常見狀況。

如果交易可以持續獲利，當然不會有問題，但投資勢必有賺有賠。好不容易賺來的五十萬日圓，也可能全部虧光。

此時就有問題了。

賭徒謬誤（The Gambler's Fallacy）

如果可以立即放手，也不會有問題，可是人的心理卻沒那麼容易做出放手的決定。心中一定會有個惡魔這樣說：

「上次不是輕輕鬆鬆就賺到五十萬日圓嗎？反正不是賺就是賠，最近都賠這麼多了，應該不會再賠下去了。

下一筆交易一定會賺。

對！反正本來就有一筆以備不時之需的存款，先拿來用一下，等賺了錢再補回去就好。一定沒問題的……」

都一直虧到現在了，下次一定可以賺回來。這種想法就是「賭徒謬誤」。

看著匯率走勢，都已經連續貶值好幾天了，也差不多該反彈了吧——看盤的人難免會有這種心態。可是不論是統計學或經濟學，都沒有任何合理的佐證。

賭資效應加上賭徒謬誤，就很容易引發投機悲劇。由古到今，不論是在現實生活，或是在小說、肥皂劇、電影等，都很常看到投機悲劇。

一開始投機時，自己心中其實有一條清楚的界限，區分辛苦賺來的錢和幸運得來的錢。

可是一旦投機出現損失，「反正都是錢」，就很順理成章地忽略這條界限了。再加上不會再賠了這種莫名奇妙的自信心，讓投機行為一發不可收拾。

這些行為是否就像本節一開始的說明，可以歸結為人的性格、個性呢？

為什麼會發生金錢悲劇？

什麼是賭資效應？

——幸運得來的錢很容易浪費掉——

什麼是賭徒謬誤？

——虧這麼久了，下次一定會賺的想法——

投機悲劇！

有史以來不論是在哪個朝代、哪個國家，類似的悲劇不斷地重演。從這一點來看，或許應該當成是人同此心吧。俗話說「人為財死，鳥為食亡」，很少有人不為眼前的金錢所惑。

不論性格、個性，人類原本就很難抗拒金錢誘惑。

花大錢購物前，先想想賭資效應和賭徒謬誤，讓自己冷靜一下吧。

聰明花錢的關鍵，就在於退一步冷靜地思考判斷，不要被金錢的魔力要得團團轉。

LESSON 11

「全體同意的決定」為什麼會留下禍端？

●跳脫「團體迷思」的方法

會議、聚會、討論……日常生活中有很多必須大家一起做出決定的場合。採用多數決，「全體同意」做出決定，看起來是很好的做法。其實不然。正因為是全體同意的決策方式，更應該小心注意。

人數明明很多，卻沒人表示反對意見，這實在太不自然了。群組內是否有一隻看不見的手在運作？

團體迷思（Groupthink）

人聚集成團體時，最大的問題就是「團體迷思」。

這是一九七二年美國耶魯大學教授簡尼斯（Irving Janis）提倡的概念，也是社會心理學的專業術語。

假設某群組決定合議決策。如果這個群組有很強的團結意識，就會形成一股必須合群的壓力，強化群組內的封閉性思考，甚至引起高估群組本身的妄想。結果**反而出現比成員個別決策時更不合理的決策**。

接著我們來看看形成團體迷思的機制。

假設開會時你針對某議案有自己的意見。如果當場可以明確表明意見當然很好，可是現實卻沒有這麼簡單。

例如你的意見和已經發言的人相反。而且針對別人的發言，與會人士都點頭表示贊同時，你該如何是好？

你是不是會有這種想法？

「如果我說出自己的意見，是不是會讓場面變得混亂？我說了自己的意見，會不會影響到自己在別人心目中的評價？會不會被人排擠……」

或者你會為自己找一些藉口。

「其實不表明自己的意見也沒什麼不好。而且大家的意見一定比我自己想的更正確。考慮到今後，現在不要主張自己的意見，選擇『以和為貴』也很重要。」

所以最終你就決定「放棄表達自己的意見」，默默接受和自己意見相反的團體決定內容。

團體迷思會帶來很大的弊害。最常見的情形就是沒發言的人，**「心中其實有和團體決定內容相反的意見」**。

好不容易開會討論，結果有人卻避免發言，就無法共享個人意見的資訊。而且說不定還會被強勢、嗓門大的人主導，**導致團體做出不同於原本應有的決策**。

國家軍事策略、企業經營策略等重要決策會議中，也常見團體迷思。社會心理學有許多團體決策失敗案例的研究，多會提及團體迷思。

群體智慧（Swarm Intelligence）

「群體智慧」則是和團體迷思相反的概念。這指的是昆蟲、魚類、鳥類等群體，即使**各個個體獨立活動，群體全體看來還是行動一致**的樣子。

傍晚的天空中V字型列隊飛行的雁群、海中沙丁魚成群結隊地迴遊，都是群體智慧作用的狀態。要讓群體智慧發揮功能，關鍵就是根據團體內的單純法則，讓各成員獨立自主地行動。

因此才能產生團體一致的複雜行動。

目前在人工智慧技術開發等領域，正如火如荼地展開對群體智慧的研究。

團體迷思和群體智慧的差異，一般認為在於團體約束力的強弱和有無。這裡用前面開會的例子來說明。

團體迷思之所以發生，通常是因為團體的約束力過強，導致個人無法表示自己的意見。結果團體迷思下的會議決定，通常都是全體通過的決定。

「全體通過」不一定正確

團體迷思

群體智慧

相對地**群體智慧產生的背景，則是團體有適度的約束力**，每個人可以獨立自主地討論議案，坦率地表示自己的意見。群體智慧發揮時，會討論每個成員的意見，井然有序地做出決策。

那麼如何才能避免陷入團體迷思呢？

開會時如果快要陷入團體迷思時，主席可以宣布中場休息，**暫時中斷討論，讓成員有離開團體，獨立思考的機會**。

光是這麼做，就可以跳脫團體迷思，讓成員更容易說出自己的意見。

團體行動時我們常常強調團結的重要性，傾向強化約束力。特別是在日本，更有根深蒂固的「以和為貴」的協調精神。

然而過度強烈的約束力可能導致陷入團體迷思。所以我們要用心營造出一個不受制約，可以用自己的頭腦思考，發揮群體智慧的狀況。

LESSON 12

如何選擇「家電產品的保固期間」比較有利？

●人會做出「確保安心」的抉擇

日常生活中我們常常被迫做出各式各樣的抉擇。如果要決定的是「重要大事」或「沒有經驗的事」，其實很難做出抉擇。有沒有什麼方法可以聰明做出抉擇呢？接下來用家電產品的「延長保固」為例，再加入行為經濟學的內容，一起來想想看。

據說每到發獎金的夏季和冬季，高價家電產品就賣得很好。購買家電產品時，最常被迫做的抉擇就是要不要延長保固。幫我結帳的店員曾經這麼問我。我想大家應該也都有過這種經驗吧。

「原廠提供本產品一年保固。但本店提供延長保固到五年的服務。只要支付五百日圓，就可以延長保固期間，您要不要延長保固？」

還沒用過的產品，到底有多容易壞？會出大問題還是小問題？在這個時間點沒人知道。

到底應不應該付費延長保固呢？這真令人難以抉擇。

此時該怎麼做，才可以做出合理的判斷呢？

這裡介紹一個行為經濟學的實驗。

付款時有兩種選擇。

①必須付五百日圓。

②有〇・一％的機率必須付五十萬日圓，但有九十九點九％的機率不用付一毛錢。

如果必須選一個，你會選哪一個呢？

不論是①或是②，平均支付金額都一樣是五百日圓。

你會選哪一種「付款方式」？

選項①

付500日圓。

選項②

有0.1%的機率
必須付50萬日圓，
有99.9%的機率免費。

一般選②的人比較多。

可是，

如果用「保險的邏輯」

來說明，選①的人就會變多！

保險的邏輯

亦即人會為了安心做出抉擇！

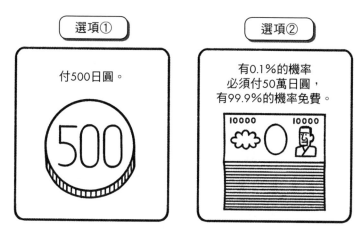

實驗結果發現選②的人比較多。

可能是樂觀的人很多，覺得「機率〇．一%的壞運氣沒那麼容易發生，所以自己應該碰不到」吧。

可是——

「選②的話，萬一真的必須付五十萬日圓，那可是一筆很大的負擔。①的五百日圓可說是避免花大錢，相當於買個安心的保費。」

如果像這樣說明「什麼是保險」，結果選①的人就變多了。

這就是行為經濟學中說的**「保險的邏輯」**。

人一旦理解到「保險可以守護重要的東西」，就**會因為安心感的效用，而比較願意購買保險**。

當不知道該不該延長家電產品的保固期間時，請先仔細聆聽店員的說明。

如果因此可以感受到「安心感」這項效用，那就延長保固吧。

如果無法感受到效用，就不要延長保固即可。

特別是購買保險這種沒有實體的東西時，必須仔細理解商品或服務的架構，因為不理解就無法安心。

聰明抉擇的方法，其實就是**為了安心做出的抉擇**。

LESSON
13

「資訊越多」越難做出抉擇

●「資訊偏誤」擾亂判斷

日常生活中我們隨時隨地都被大量資訊包圍。

為了做出正確抉擇，一般人常以為資訊多多益善。

可是資訊真的越多越好嗎？

過去已經有許多研究和實驗，試圖找出資訊量和正確決策之間的關聯性。以下就來介紹一些著名的內容。

德國普朗克研究院（Max-Planck-Gesellschaft）的捷爾德・蓋格瑞澤（Gerd Gigerenzer）博士對美國芝加哥大學和德國慕尼黑大學的學生們提出以下問題，並分析了學生們的回答。

〈問題〉

你覺得聖地牙哥和聖安東尼，哪一個城市的人口比較多？

提問當時的正確答案是「聖地牙哥」。

聖地牙哥是加州南部知名的港灣城市。

另一方面，聖安東尼則是德州中南部的城市，在德國的知名度沒有聖地牙哥高。歷史上這座城市是德州獨立戰爭時（一八三五～三六年）的阿拉莫要塞（Alamo）所在地，因而出名。

結果令人意外。明明這是和美國都市相關的問題，但看看兩所大學的學生回答，答對的慕尼黑大學學生竟然比芝加哥大學多。

為什麼會這樣？

芝加哥大學的學生因為某種程度知道聖安東尼的狀況，回答時反而猶豫了。

而慕尼黑大學的學生根本沒聽過聖安東尼這座城市，所以就回答了自己有聽過的城市聖地牙哥。

不過現在聖安東尼的人口已經比聖地牙哥多了（根據總務省統計局「世界統計二〇一七——2-5主要都市人口」資料）。

資訊偏誤

由學生們的回答，可知「並非資訊多就可以做出正確判斷」。**資訊太多反而可能會引起迷惘和混亂，誤導判斷。**

可是人類卻有資訊越多越能正確判斷的想法。心理學稱這種現象為「資訊偏誤」。

以下有一個美國的研究事例，是有關資訊偏誤的醫師病理診斷。

研究人員詢問醫師以下問題。

〈問題〉

出現某症狀的患者有八成機率罹患疾病A，否則就是罹患疾病B或C。

現在有一種昂貴的特別檢查，可以判斷出罹患的疾病不是A時，到底罹患的是疾病B還是C。

如果你的患者中有人出現此症狀，你希望他接受這種特別檢查嗎？

如果是為了判定有沒有罹患疾病A而讓病患接受檢查，這是可以理解的。可是如果是為了那兩成不是疾病A的機率，就算讓患者接受檢查，知道他罹患的疾病是B還是C，也不能忽略還有八成機率可能是疾病A，逕自進行疾病B或C的治療，所以這種特別檢查應該沒什麼意義。

即使如此，很多醫師還是為了增加手邊的資訊，希望患者接受判定是B或C的昂貴檢查。

就像這個例子一樣，資訊有時只是讓人安心的材料，和資訊本身有沒有用無關。

也就是說，**不知道的時候人會感到不安，知道了就會安心**。

不過資訊倒也不是越多越好。現實中是不是也有很多例子，不是沒有資訊，而是因為資訊太多導致判斷錯誤呢？

近來大數據成為各大小媒體的寵兒。強化收集資訊，儲存過去無法想像的大量數據的需求高漲。

然而忙著收集資訊，因保有大量資訊而感到滿足，光這麼做並無法選擇有效的行動或做出有意義的判斷。

要強化決策力，重點就在於如何捨棄不需要的資訊，只選擇必要資訊。

日常生活中就要努力強化選擇取捨資訊的意識。

LESSON 14

到底要看「病患數」還是「疾病比例」？

●「多方面觀察」數值資訊的習慣

統計的數值資訊，是決策時的有力判斷材料。

所謂的數值資訊，就是以實數或比率等數值來表示的資訊（A市人口為〇萬人、B鎮高齡者占〇％等）。正因為這些數值是決策時的重要判斷材料，所以必須注意如何看這些數值資訊。

接著就來看看醫療或照護等社會保障政策的例子吧。

每次要檢討各地區政策時，就會比較各地區的實際狀態，掌握每個地區各自的特徵。

比較鄉鎮市時當然可以比較實際數量，可是只靠實際數量，很容易受到人口、面積等各鄉鎮市的規模影響。

因此一般會用單位人口或單位面積比例來比較。

使用比例就不受各鄉鎮市規模影響，可以適當地比較。

比方說地方自治政府之間，要判斷糖尿病預防對策的優先順序，假設要比較A市和B鎮居民的糖尿病狀況。調查疾病關係後，得到以下數據。

A市是地方的核心都市，有五十萬人口。而B鎮則是典型的五千人規模的小鎮。A市的糖尿病患者實際人數遠遠超出B鎮，但A市人口那麼多，這也是理所當然的結果。

所以我們用患者數除以人口數，來看看各地的糖尿病患者比例。結果發現算出來B鎮的比例較高。也就是說，B鎮的糖尿病患者比例較高。

根據這項結果，政府決定B鎮優先採取糖尿病對策。可是看到這裡，你可能會突然有個疑問。

如果看病患實際人數，A市比B鎮多出數十倍，可是卻由B鎮優先實施預防對策，這樣真的沒問題嗎？

你會如何解讀這張表？

看數量嗎？

	A市	B鎮
（1）糖尿病患者數	10,000人	110人
（2）人口	500,000人	5,000人
糖尿病患者比例 (1) ／ (2)	2%	2.2%

看比例嗎？

亦即重視比例甚過實際數量，真的應該這麼做嗎？

到底應該看實際數量，還是看比例？這個問題也會發生在比較運動選手的成績表現時。

如果用比例來比較選手，會發生各種問題。

代表性問題之一，就是棒球的打擊率排行。如果單純比較各選手的打擊率，那麼一個打數一支安打的選手，打擊率就是十成。如果因此把這位選手當成第一名，並無法和打席更多、打出更多安打（當然也有很多次無功而返）的其他選手做出適當地比較。

因此職棒界會先規定一個規定打席數，如所屬球隊比賽場數的三點一倍等，然後打滿規定打席數的選手才能成為打擊率排行的對象。

其他運動如果要用排行榜形式來比較個人成績時，也都會有同樣的數量基準。

籃球的罰球成功率排行，也有一個前提條件，就是罰球成功數必須達到一定數量以上。而排球殺球數量達一定數量以上，也是殺球成功率的要件。

這麼看來，應該可以了解不論是只看實際數量，或只看比例，都無法恰當地比較。

也就是說，**實際數量和比例必須一起看**。

在糖尿病預防的事例中，當然不會只看糖尿病患者比例，也會看患者人數多寡。這樣才不會受到些微的糖尿病患者比例差異影響。

以棒球打者為例，打擊率和安打支數都一樣受重視。職棒選手的打者記錄中，打擊率最高的選手會獲頒首位打者獎，而最多安打的選手則獲頒最多安打獎。

數值資訊有具體、且讓看的人不容分說的特色。

然而我們不應該把一個數值資訊照單全收。而是應該像實際數量和比例一樣，多方面掌握數值資訊，分析評估，即可做出有自信的判斷，提高決策力。

看數據資料時，要養成用自己的頭腦去想想，有沒有必要從其他角度來看資料的習慣。

LESSON
15

能幹的人「用兩個策略判斷」

●聰明的「定位」法

要做出「正確決策」，最重要的是要擬定「正確策略」。

沒有策略是另一回事，如果有策略卻模糊不清，就可能導致決策錯誤、錯失決策機會，或是喪失先機落於人後。

那麼擬定什麼策略才有助於做出良好抉擇呢？

當我們思考個人在團體中應該如何設身處世時，有時會參考大自然的生物。「賽局理論」就是以生物群組的觀察為基礎，試圖導出人類社會中的適應策略。

接著介紹「群策略」和「地盤策略」這兩種截然不同的策略。

群策略

所謂的群策略，就是集合個體以求生存的策略。

這是大自然當中沙丁魚等魚類或斑馬等常採用的策略。

群策略有兩大優點。

第一是成群結隊可以**提高對周圍的警戒監視功能**。雖然知道有天敵接近的風險，可是單一個體要全方位二十四小時保持警戒實在很難。如果集合成群，分攤警戒的任務，就可以一直維持在警戒的狀態。

第二是就算不幸遭遇天敵襲擊，會被吃掉的個體數量有限，大多數個體可以活下來。也就是**降低被吃掉的風險**。

這種群策略可以提高對天敵的警戒能力，降低個體被吃掉的風險。

但是群策略也有缺點。

當群體極大時，群體當中爭奪食物的問題會變得嚴重，群體社會的上下關係也會越來越複雜。而且這些爭奪只會越來越多。

地盤策略

所謂地盤策略，則是個體各自分散，分享有限資源的策略。

這是肉食性動物如老虎，和香魚等常採用的策略。

地盤策略也有兩大優點。

只要地盤發揮功能，個體和個體之間就可以保持適當距離，**獨占在自己地盤上的所有食物**。

地盤策略也有益於繁殖。繁殖和育兒時因為有自己的地盤，可以築巢**過穩定的生活**。

然而地盤策略也有不能發揮功能的時候。

當個體數量遠多於資源時，就有一些個體無法擁有自己的地盤。

這麼一來，為了預防受到這些個體的侵略，地盤擁有者就不能放鬆警戒。所以就越來越難在自己的地盤上安心悠閒地獨占食物。

企業的群策略和地盤策略

看到這裡，大家應該知道這兩種策略各有優缺點。

這兩種策略也是人類社會中的常見策略。

例如企業內員工採用的就是群策略。針對企業所處環境中的各種風險提高警戒，讓企業永續生存，自己則取得相對應的報酬、薪資維生。

然而企業內形成小社會，其間的人際關係傾軋，也時有所聞。比方說部分員工偷懶或爭權奪位等，導致員工之間發生派系鬥爭，影響業務效率等。

另一方面，地盤策略則常見於新產業領域的新創企業經營者，利用新技術取得優勢等事例中。

只要利用專利，把新技術變成智慧財產權，建立穩固的地盤，就可以在地盤上穩定地經營事業。

然而在取得專利前，如果出現類似的新創企業爭奪市場，就很難維持自己的地盤。

有些企業也會引導員工採取地盤策略。例如在組織與職稱上，給予所謂的職務權限任務。只要員工完成被賦予的任務，就可以穩定、有效率地推動業務。然而有時職務權限沒有明確的界線，或是新事業還未設定職務權限。此時員工之間可能有職務重複的狀況，或是有些職務無人負責，導致混亂。

這兩種策略不能單純論優劣。永遠都採群策略的生物群組，一旦不能適應環境，就可能全數滅亡。

不過永遠奉行地盤策略，當個體數量增加時，也可能因為爭執不斷，讓各個個體疲於奔命。

所以重要的是**視所處環境，隨機應變使用不同的策略**。

採用地盤策略的香魚，當個體數量增加喪失策略優勢時，聽說就會改採群策略。由這個例子可知，重要的是不固守單一策略，而是隨機應變使用不同策略。

觀察周圍環境的變化，隨機應變改變使用的策略，這種策略稱為**「次經驗法則」**（Meta-Heuristic）（參閱二四〇頁）。實行次經驗法則時，察覺周圍環境變

「群」和「地盤」——區分使用策略

香魚個體數少時會採取
「地盤策略」。

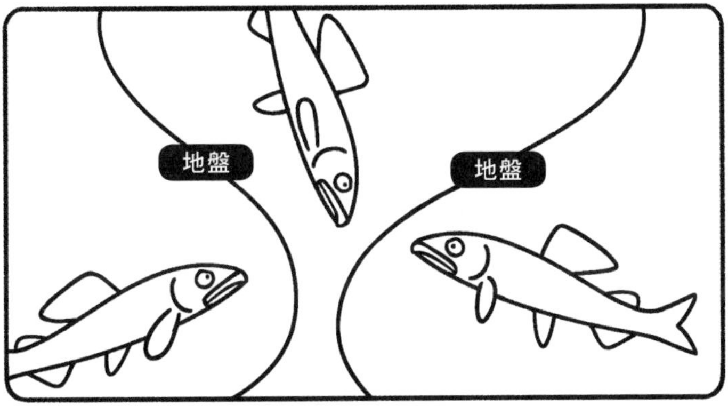

個體數增加後
就採取「群策略」。

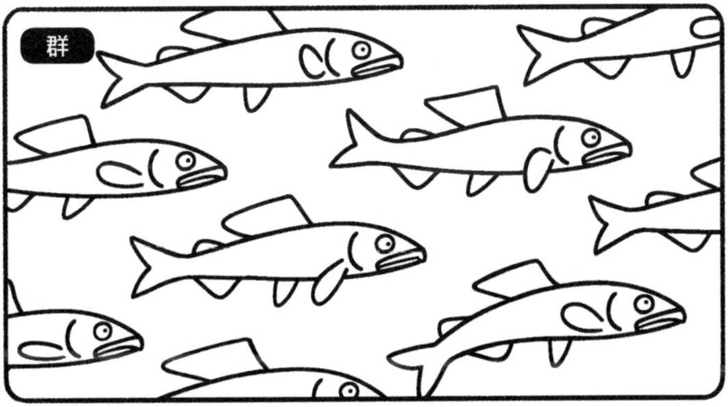

隨機應變使用不同策略！

化是不可或缺的能力。

次經驗法則帶來策略的多樣性。不是群策略或地盤策略二選一，而是組合兩種策略，讓策略因此有更多可能性。

香魚如何區分使用兩種策略？這一點很耐人尋味。讓我們一起期待今後相關生物學的調查研究進展吧。

我想人類也應該向香魚看齊，視狀況變化隨機應變使用不同策略，這一點很重要。

為了做出適當決策，也可以重新檢視之前擬定的策略。平常就要保持彈性思考的習慣，這一點請務必牢記在心。

LESSON 16

癌症檢查結果有多正確？

●不被「偽陽性」「偽陰性」所騙

要做出「正確抉擇」，「正確掌握狀況」很重要。對於平常就關心的話題，大多可以順利地收集、分析資訊，很快地做出判斷。可是對於平常不太關心的領域，就很難掌握狀況，拖拖拉拉地無法快速做出抉擇。

大家對健康和醫療的行為就是一個例子。近年來醫療領域盛行預防醫療，亦即在生病前就要注意健康，也很流行增進健康的活動。其中之一就是為了早期發現癌症，建議大家接受癌症健檢。

然而現實中人們接受癌症健檢的比例並不高，這可能是因為大家對於癌症健檢的關心不足。

那麼如何才能提高癌症健檢的受檢率呢？

為了判斷一個人有沒有生病，醫療界有包含癌症健檢在內的各種健檢。一旦接受健檢，就會得到陽性或陰性的結果。

這裡應該注意的是，檢查結果並非百分之百正確。

有時明明沒生病，檢查結果卻是陽性。這就稱為「偽陽性」。反之有時明明罹病了，檢查結果卻是陰性。這就稱為「偽陰性」。偽陽性也好，偽陰性也罷，都會造成問題。

先來看看偽陽性。一般健康檢查如果出現陽性的結果，就會再進行精密檢查，以判斷是否真的罹病。而精密檢查的結果，多半的人其實都沒有罹病，只是「虛驚一場」。

但是事實並沒有這麼簡單。健檢結果為陽性的人，在精密檢查的結果出爐前，大概都會終日惶惶不安，擔驚受怕吧。

而且精密檢查所費不貲，又耗費人力。因此健檢的偽陽性結果多，不但接受精密檢查的人要承受很大的精神壓力，精密檢查的費用和人力也是一大負擔。

另一方面，如果結果是偽陰性，就表示雖然接受健康檢查，但卻被判定為沒病，因此不會開始進行治療。

等到後來疾病惡化，開始出現症狀後，才開始接受診斷和治療。因為診斷和治療得太晚，有時甚至會有生命危險。

偽陽性和偽陰性之間還具有反向關係，也就是**要降低其中一種的機率，另一種的機率就會增加**。

例如要降低偽陰性的機率，得到更為正確的陽性結果，因而提高檢查的靈敏度，結果偽陽性出現的機率也因此上升。

以下利用癌症健檢模型，用數值來看看這種狀況。

〈癌症健檢模型〉

假設這裡有一個一萬人的群組，其中癌症患者的比例為一%。同時假設這個群組所有人都接受癌症健檢。

健檢的結果，癌症患者有九十九%的機率，結果是陽性。

另一方面，未罹癌者有九十五%的機率，結果是陰性。

模型中用了三個百分比的數字，可能有人會覺得混亂。所以我們把比例改成實際人數，用表格形式來呈現這個模型的樣子，即如下頁表所示。

在這個模型中，陽性結果的人當中，有八成以上是偽陽性。可以說即使結果是陽性，也不用太擔心，再接受一次精密檢查就好。

可是偽陽性機率如此高，可能會讓人懷疑這個健檢的存在意義。

然而這個健檢卻成功地將罹癌的九十九人，從一萬人縮小範圍到五百九十四人，也可以看成這是一個有效的健檢。

來看看癌症健檢模型結果

	罹癌	未罹癌	合計
合計	100人	9,900人	10,000人
結果為陽性	99 人	495 人 偽陽性	594 人
結果為陰性	1 人 偽陰性	9,405 人	9,406 人

⇒結果為陽性的人當中，偽陽性的比例為 83.3%（≒ 495 人 ÷594 人）
⇒結果為陰性的人當中，偽陰性的比例為 0.01%（≒ 1 人 ÷9,406 人）

反倒是有一個癌症患者得到偽陰性結果這一點，令人在意。

癌症健檢的目的原本就是要在健康者當中，鎖定罹癌群組。因此會一直要求不要再增加偽陽性的結果。結果就像這張表一樣，偽陰性出現的機率大增。

偽陰性的機率可以透過定期健檢減少。因此即使實際的癌症健檢出現陰性的結果，也建議大家定期接受健檢。

雖然都是醫療檢查，臨床檢查和癌症健檢並不相同。臨床檢查的對象是病患或有罹病可能的人。如果懷疑可能是癌症，目的就是檢查是否罹癌。所以必須減少偽陰性比例。也就是說，必須提高檢查靈敏度（陽性判定）。

接著再利用臨床檢查模型，用數值來看看這種狀況。

〈臨床檢查模型〉

假設這裡有一個一萬人的群組，其中癌症患者的比例為一%。同時假設這個群組所有人都接受臨床檢查。

檢查結果癌症患者有九十九．九%的機率，結果是陽性。

另一方面，未罹癌者有九十%的機率，結果是陰性。

在這個臨床檢查模型中，偽陰性為0人，但相對地偽陽性的比例則超過九成。

由此可知健康檢查並不完美，一定會出現某種程度的偽陽性和偽陰性結果。

因此談健診前，最好先了解如何看待健檢的結果。

來看看臨床檢查模型結果

	罹癌	未罹癌	合計
合計	100人	9,900人	10,000人
結果為陽性	100人	990人 偽陽性	1,090人
結果為陰性	0人 偽陰性	8,910人	8,910人

⇒結果為陽性的人當中，偽陽性的比例為 90.8%（≒ 990 人 ÷1,090 人）
⇒結果為陰性的人當中，偽陰性的比例為 0%（＝ 0 人 ÷8,910 人）

我想只要能努力揭露健診相關資訊，廣為大家所知，一般民眾就更容易決定接受健檢，這樣應該有助於提高健檢的受檢率。

並不是只有健檢才需要正確掌握狀況。

為了做出正確決策，首先必須根據正確資訊，用自己的智慧正確掌握狀況。

綜前所述，我想大家都應該去做定期健康檢查。大家以為如何？

CHAPTER

3

這個選擇「賺到了?」還是「虧大了?」

▸——識破本質力

可以輕鬆選擇「要什麼、不要什麼」！

我們活在超級資訊社會中，具備不受資訊擺布、不被數值欺騙的能力——亦即看穿本質的能力越來越重要。只要能正確活用資訊，資訊對我們的生活可謂貢獻良多。

可是社會上有許多壞人，這也是不爭的事實。不誇張地說，特別是統計思考必要的**「數值資訊，更容易成為惡意操弄的標的」**。

竄改數據讓自己的成績更好看、改寫成對自己有利的數值以編製說帖……。站在想騙人的立場來看，機率和統計相關資訊可謂絕佳的材料。

以下是一個最適合用來測試識破本質力的實例。

這是美國超受歡迎的電視節目中的「選擇遊戲」問題。

遊戲規則如下。這裡有三扇門。其中一扇門的門後是「中獎」，另兩扇門則是「摃龜」。參賽者要從三扇門當中選一扇門，如果選中「中獎」，就可以得到豐厚獎品。

遊戲進行中主持人會試圖動搖參賽者。他會故意打開剩下兩扇門的其中一扇，然後對參賽者這麼說：

「現在可以給你一個機會重新選擇哦。」

如果是你，你會怎麼辦？

一般人通常以為就算重新再選，中獎機率也不變。

然而事實上，重新選擇後中獎機率會變成兩倍。

無視於主持人的挑釁，始終堅持自己一開始的決定的人，結果大多是損龜。

以這個遊戲來說，中途更換選擇才是正確的做法。日常生活中其實也有不少場景，必須不受資訊迷惑做出判斷。

正因為我們每天都會接觸到海量資訊，被迫做出判斷，更應該具備識破本質力，知道「什麼是正確的、什麼是錯誤的」，以及「要什麼、不要什麼」。

本章將介紹七種利用統計思考，以識破本質的訣竅。

LESSON
17

機率可以是「二分之一」也可以是「三分之一」？

●「懷疑前提」的習慣

大家是不是有參加商店街抽獎，轉著轉盤後得到獎品的經驗呢？

前面有很多人轉了轉盤，卻沒人拿到大獎。這種情形如果一直持續，接下來出大獎的機率應該就會變高了吧。

從這個例子就可以知道，要看出**前提條件改變時，機率會如何改變**，原則上是很困難的一件事。

因為肉眼看不到機率，所以很難掌握它的變化。

可是要強化「識破本質力」，分辨機率的變化卻是重要的一環。

高中的數學考試中，有利用骰子、硬幣、撲克牌等的機率相關問題。

機率指的是「容易發生的程度」，肉眼不可見，很多人或許因此覺得「好難我不會」。各位覺得呢？

大家認為機率很難，原因之一就是乍看之下明明很簡單的問題，卻有出人意料的一面。

請利用以下兩個小孩的問題來想一想。

〈兩個小孩的問題〉
有一戶人家有兩個小孩。已知其中一人是男孩。此時，另一個小孩也是男孩的機率是多少呢？
前提是生男生女的機率相同。

「兩個小孩當中有一個不論是男是女，應該都不會影響另一個小孩的性別。所以題目第一行的敘述，只不過是在擾亂答題者，給了一個沒有意義的條件。既然生男生女的機率一樣，另一個小孩是男孩的機率就是二分之一。」

你是不是這樣想的？

如果是，很遺憾你錯了。

冷靜下來想一想，就可以想到以下正確解答。

「既然有兩個小孩，兩個小孩的性別組合只可能是『兄弟』、『兄妹』、『姊弟』、『姊妹』這四種之一。

而且生男生女的機率相同，表示這四種組合出現的機率均等。已知兩個小孩當中有一個男孩，自然不可能是姊妹的組合。剩下三種組合中，另一個小孩是男孩的組合，只有『兄弟』。所以另一個小孩也是男孩的機率是三分之一。」

其實這個問題用「已知其中一人是男孩。此時，另一個小孩也是男孩的機率是多少呢？」的說法，設下一個巧妙的陷阱。

故意不說清楚男孩到底是哥哥還是弟弟，保留了「兄弟」、「兄妹」、「姊弟」這三種組合的可能性。

這一題的題目如果改成「已知老大是男孩，老二也是男孩的機率是多少呢？」，答案就只剩下「兄弟」、「兄妹」的可能，所以答案就是二分之一。

一個是男孩，另一個是⋯⋯？

這戶人家有兩個小孩， 其中一個是男孩。 另一個也是男孩的機率是？

有四種組合。

兄弟
兄妹
姊弟
姊妹

其中另一個也是男孩的組合只有兄弟。

兩個小孩當中有一個是男孩，所以是╳。

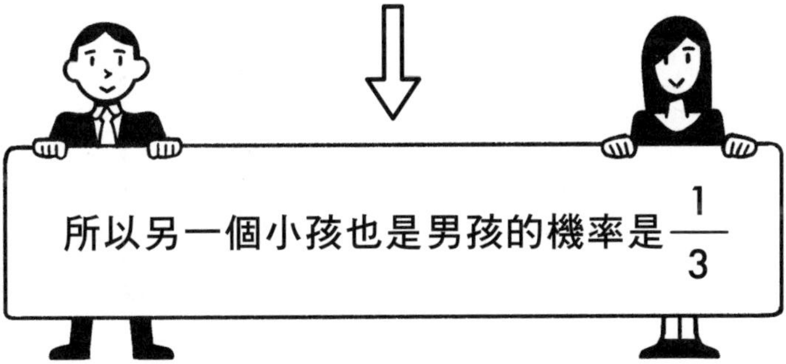
所以另一個小孩也是男孩的機率是$\frac{1}{3}$

這與其說是機率問題，不如說是挑戰文章讀解能力的國文問題吧。

接下來看看取出兩張撲克牌的問題。請大家不要被騙了。

〈取出兩張撲克牌的問題〉

從一副五十二張的撲克牌中取出一張，不看正面直接放入箱中。再從剩下的五十一張中取出另一張，看了正面後發現是紅心。

此時，最先放入箱中的撲克牌也是紅心的機率是多少？

不小心的話可能會做出如下回答。

「最先取出並放入箱中的撲克牌，不會因為之後取出的撲克牌而改變。五十二張撲克牌中有十三張是紅心，所以最先放入箱中的撲克牌是紅心的機率為五十二分之十三，也就是四分之一。」

這一題也一樣，冷靜下來想想應該就會想到正確答案。

「一開始取出的撲克牌，加上（取出兩張後）剩下的五十張撲克牌，總共五十一張牌，都不知道圖案。

一開始取出的撲克牌就是不知道圖案的五十一張牌當中的一張。因為第二張取出的牌是紅心，所以這五十一張牌當中紅心只有十二張。

因此一開始取出並放入箱中的牌也是紅心的機率是五十一分之十二，也就是十七分之四。」

這個問題並不是一開始取出的撲克牌的圖案，受到隨後取出的牌的圖案影響。然而一開始取出的撲克牌是紅心的機率，會受到隨後取出的牌的資訊而改變。這也正是這個問題的關鍵所在。

如果第二張取出的牌不是紅心，那一開始取出並放入箱中的牌是紅心的機率，就是五十一分之十三。

所以**只要取得的資訊有些微改變，或有新增的資訊，機率就會改變**。

在商業世界中，大家頻繁地交流各式各樣的資訊。不論是「傳達」或「接收」資訊的任一方，都應該知道些微的差異和是否有新增資訊，都會影響機率數值。

當前提條件改變時，這件事情會不會改變、會如何改變？看清楚事情的變化很重要。

LESSON 18

同班同學「同一天生日」的機率是？

●那件事「真的是奇蹟」嗎？

一班三十位學生當中，有同一天生日的同學。發生這種狀況的機率是多少？

一年有三百六十五天，或許有人覺得同一天生日這種事應該不常發生。可是事實上發生這種狀況的機率竟然高達七十％以上（計算很複雜，這裡就不多做說明）。

看到這裡大家是不是嚇了一跳？

原本「一件事發生的機率是多少」，這是可以用數字表示的客觀內容。

然而**「一件事發生的機率是多少」**的感覺，**卻是每個人的主觀認定**。因為這是每個人在日常生活中，憑經驗學會的感覺。

那麼我們每個人對機率的感覺，到底有多正確呢？

機率是用零到一之間的數字，來表示某事件容易發生的程度。一般機率都是客觀決定，不論誰來看，數值都一樣。

例如擲一枚公正硬幣，正反面的出現機率各是二分之一。如果是一顆公正的骰子，每一種點數出現的機率都是六分之一。

我想沒有人有異議吧。

主觀機率

那如果是機率更小、更為罕見的事件呢？

由月蝕或彗星等天體現象的觀測、巨大隕石掉落等科學事件，到外星人侵略地球等科幻的世界，讓我們用各種事件來想一下吧。

這些事件發生的機率都很小，但並不是零。

一般來說這些機率原本就很難計算。就算真的算出機率，那又會和「主觀機率」一致嗎？

所謂主觀機率，指的就是**「一個人認為該事件會發生的機率」**。硬幣二分之一的機率、骰子六分之一的機率等物理性固定的機率，稱為**「客觀機率」**，而人憑感覺掌握的機率則稱為主觀機率。

一般來說，非日常事件給人的印象越深刻，就越突顯出它的非日常性。

而這些**非日常事件的主觀機率有可能高於客觀機率，也可能低於客觀機率**。

具體說明如下。

【主觀機率高於客觀機率的事例】

一般人很難看到「月全蝕」。

日本在二〇〇一年到二〇五〇年的五十年間，會發生三十次月全蝕，發生頻率大概是兩年一次。

換言之，在日本某天晚上抬頭看著星空，偶然看到月全蝕的機率還不到〇・二%。

即使如此，看看電視等天象相關的新聞報導，大家是不是覺得月全蝕其實還滿常發生的？

【主觀機率低於客觀機率的事例】

這裡要用的是本節一開始提到的某校同班同學生日的事例。

一班三十人中有同一天生日的同學，機率是七十％以上。很多人可能覺得這個數字出乎意料地高。

可是如果是「班上有同學和某位學生同一天生日的機率」，其實不過八％左右而已。我們很容易把這個數字當成是自己的主觀機率。

話雖如此，如果要看的是「（誰和誰一樣都可以）班上有同學同一天生日的機率」，以三十人的班級為例，學生們有很多可能組合，機率就會竄升。

思考主觀機率時，有一個問題是**偶然一致**。

假設某上班族夢到祖先來到自己的床前這麼說：

「別老是埋首工作，偶爾也要請個假來幫我掃墓。」

「託夢」可以說是奇蹟嗎？

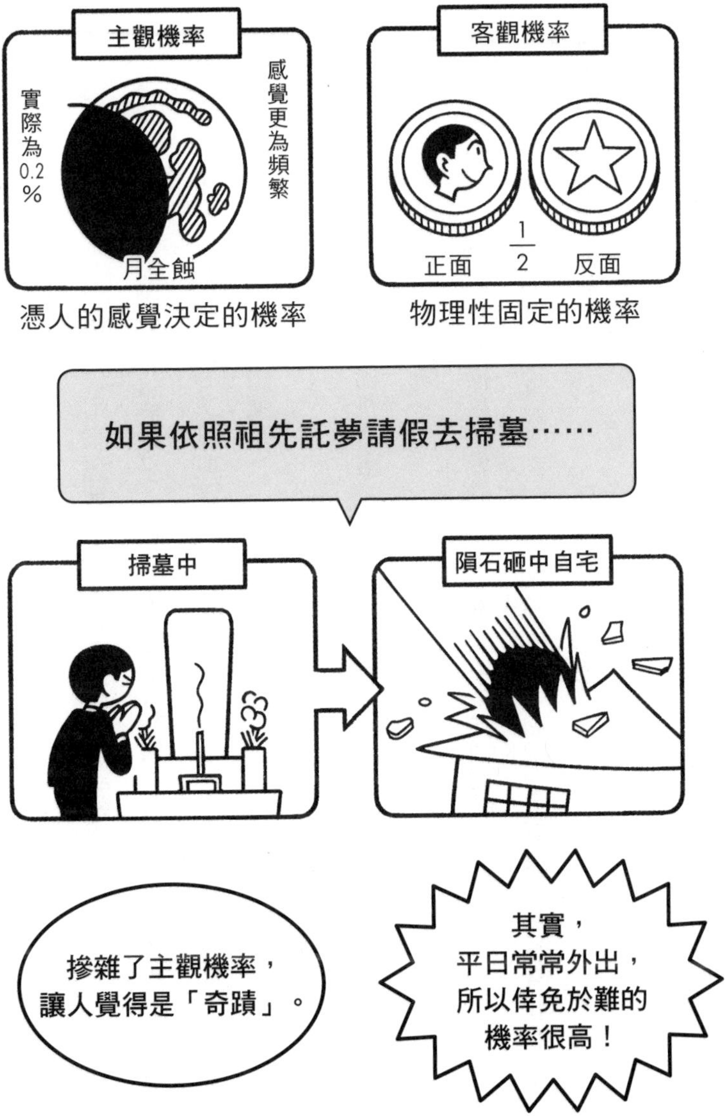
主觀機率
實際為0.2%
感覺更為頻繁
月全蝕
憑人的感覺決定的機率
客觀機率
正面
1/2
反面
物理性固定的機率
如果依照祖先託夢請假去掃墓……
掃墓中
隕石砸中自宅
摻雜了主觀機率，
讓人覺得是「奇蹟」。
其實，
平日常常外出，
所以倖免於難的
機率很高！

這位上班族就很聽話地請假去掃墓了，結果剛好就在那個時間點，一塊隕石掉下來砸中他家。

房子雖然受損，但他本人很幸運地並未受傷，得以倖免於難。

這位上班族可能因此會這麼想：「祖先為了讓我躲過隕石劫難，就託夢叫我去掃墓。這實在是奇蹟，太令人感動了。」

可是這真的可以說是奇蹟嗎？

房子被隕石砸中，是很稀有的事。

這位上班族也很少去掃墓。

也就是說，隕石掉落和掃墓重疊的機率，應該可說低到極點。

而且就算他不去掃墓，按照平常行程去公司上班，他也不會被隕石所傷，不會發生有人受傷的情形。

由這個例子可知，問題不在於隕石掉落的機率，而在於外出的機率有多少。

這個人是上班族，平日白天都在公司上班。所以就算是白天有隕石砸中他家，他倖免於難的可能性也很高。

有了隕石掉落這種讓人印象深刻、而且非日常的體驗，並得以倖免於難時，不論自己外出的理由為何，都會把這件事想成是奇蹟發生，這也是人之常情。

以這個例子來說，比起隕石掉落而受傷的客觀機率，主觀機率更低。

就像上述例子，有時偶然一致會被當成是奇蹟，被包裝成神祕事件或超自然現象。

我想**自古以來的迷信或不合理的習俗，很多都摻雜了這種主觀機率**吧。

為了不被這些迷信等迷惑，重要的是要靜下心來想想偶然一致的真面目，分清楚日常與非日常的差異。

LESSON 19

遇上「颱風」和「扒手」的機率有幾%？

●「懷疑關聯性」的習慣

「明天的降雨機率，東京都是二十%，神奈川縣是三十%，千葉縣和埼玉縣各為十%。」

大家都很熟悉的氣象預報，假設預報內容如上。

那麼我們可以把這四個機率相乘，然後說「一都三縣的降雨機率為〇・〇六%」嗎？

這個機率看來很低，總覺得有點奇怪。

日常生活中機率無所不在，電視上氣象預報中的降雨機率就是一例。

用零到百分百之間的數值來表示，數值越大表示事件（此例中指的就是降雨）發生的可能性越高。

不過計算機率時必須小心。

接著用具體事例，大家一起來想一想。

在法庭上有時機率是重要證據。

一九八〇年代中期開始採用「ＤＮＡ鑑定」，做為刑事案件的搜查證據。比較案發現場的血跡ＤＮＡ，和自犯嫌身上取得的頭髮等的ＤＮＡ，鑑定兩者是否一致。我想大家在犯罪相關的連續劇當中很常看到這個橋段。

一開始的鑑定方法很粗糙，據說偶爾會有〇・一％的機率鑑定錯誤。

近年來鑑定精確度大幅提升，偶然一致的機率已經降到〇・〇〇〇〇〇〇〇〇〇〇二％左右，趨近於零，在法庭上的證據力更高了。

現在也利用大幅提升的鑑定精確度，反省過去因為ＤＮＡ鑑定運用錯誤，或錯信鑑定結果而產生的冤案。

最高法院的司法研修所於二〇一三年公布的見解顯示，「要利用ＤＮＡ鑑定的成果做出正確判斷，就必須對於鑑定的理論、技術能力與極限有正確的認識。不能因為理論性根據可讓人接受，就過度相信、看重鑑定結果和它代表的意義」。

換個話題。機率有時也會用來表示「發生天災和事故等的程度」。

以下引用地震調查研究推進本部地震調查委員會於二〇〇六年公布的報告書中，有關日本天災、事故等的發生機率供大家參考。資料比較舊，還請包涵。

三十年內遇上以下天災事故的機率如下。

洪災的機率為〇・五％。
風災的機率為〇・四八％。
火災的機率為一・九％。
闖空門的機率為三・四％。
搶劫的機率為一・二％。
被扒的機率為〇・五八％。

看這些機率時有些應注意事項。

在思考幾個事件同時發生的複雜事件發生機率時，**要注意事件彼此之間會不會相互影響，還是各自獨立**。

如果各自獨立，各事件的發生機率相乘，就可以算出所有事件同時發生的機率。

像是前面的天災和事故等的發生機率，假設風災和被扒是獨立事件，那麼三十年內兩者都碰上的超不幸機率，就是〇・〇〇三％（＝〇・四八％×〇・五八％）。

從機率來看，這種不幸可說是很少見的狀況吧。

可是如果事件彼此之間並不獨立時，就算把發生機率相乘，也無法得出正確答案。以洪災和風災為例，會是什麼結果呢？

這兩個事件有可能獨立發生，但一般來說並非獨立，每當颱風來襲時，是不是通常都會伴隨著大雨？

此時三十年內兩者都碰上的受災機率，就不是〇・〇〇二％（〇・五％×〇・四八％）了。如果兩者強烈相關，同時受災的機率不應該大幅低於個別機率，抓〇・四％以上應該比較合宜。

現實社會中可以斷定彼此之間絕對獨立的事件，其實很少。一週後股價上漲和升息兩者皆發生的機率，或許應該用各自的機率相乘（相乘的結果）來看。

某人在未來五年內得高血壓和腦中風的機率，應該就不是兩者機率相乘可以算出來的吧。

今後十年美國砂漠面積變大，和侵襲日本的颱風數量增加，兩者都發生的機率，（雖然無法百分之百斷言，但）根據全球氣象趨勢來看，大概是兩者機率相乘的結果。

最後要介紹一個和事件獨立性有關的笑話。

某飛機航行中，駕駛艙內副機長對機長這麼說：
「聽說這架飛機使用的引擎，因故障無法發動的機率是十萬分之一。這架飛機用了兩座同型引擎，所以兩座引擎同時故障而墜機的機率，就是十萬分之一乘以十萬分之一，也就是一百億分之一。機率這麼小，應該可以放心了。」

沒人可以保證兩座引擎的電力系統和燃料注入的結構等完全獨立不相關。只要不能確認彼此獨立不相關，就不能用機率相乘的方式來計算。所以機長必須好好教教副機長機率的概念才行。

如果只是笑話也就算了，重要的是要冷靜下來，好好想想事物之間的關聯性，這樣才能正確理解並做出判斷。

LESSON 20

不受表面的「營收成長」迷惑

●「看穿數字戲法的謊言」的方法

不論是工作或是讀書，我們都擺脫不了「成績」。

如果是經營者就看本年度業績，業務員就看本月銷售實績，學生就看下學期的英語成績等，我們的評價常用成績數字來決定。

所以不論是企業經營者、業務員、還是學生，大家應該都很在意自己的成績。

成績如果可以引發公司或個人的活力、幹勁，當然是件好事。

為了改善成績，用心思考經營施策，磨練工作技術，努力學習各種知識，那麼成績就可說是很有意義的存在。

可是如果不努力提升實力，只是想方設法讓表面上的成績好看，實在毫無意義。

讓我們用以下的事例來想一想。

某房仲業者有十一家分店。

業者根據一年內的銷售件數實績，將前六名的分店歸類為「業績良好組」，剩下的五家分店則歸類為「業績蕭條組」。

有一年業績良好組的分店，銷售件數分別是「一百八十件、一百七十件、一百六十件、一百五十五件、一百五十件、一百四十五件」。

而業績蕭條組的銷售件數則分別是「一百四十件、一百三十五件、一百三十件、一百二十件、一百一十件」。

如果社長命令你提升兩組的銷售成績，你會怎麼做？

這家公司的業務負責幹部想出了一個妙計。

也就是針對業績良好組和業績蕭條組，進行重新分組。

具體做法就是把銷售一百四十五件的分店，由業績良好組重新分類到業績蕭條組去。

這麼一來業績良好組的平均銷售件數，就「由一百六十件提高到一百六十三件」，同時業績蕭條組的平均銷售件數，也「由一百二十七件增加到一百三十件」。

兩組成績都變好了，真是一箭雙雕的妙計。

幹部得意地笑了。

請大家看看下頁的圖。

重新分組後表面上兩組的銷售成績的確都變好了。

可是請等一下。這真的可說是公司銷售力變好了嗎？

事情當然沒那麼簡單。

重新分組後的數字戲法，不過是掩耳盜鈴罷了。

社長不可能滿足於這種表面上的業績改善。

光是重新分組，結果就截然不同！

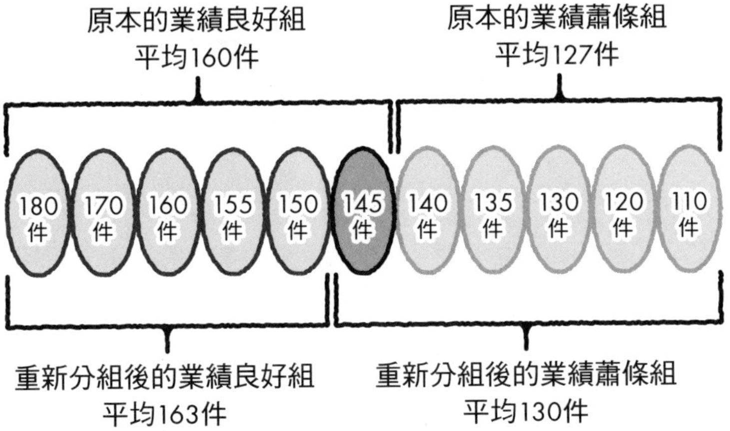

同樣的戲法，也常見於醫療相關的統計數據中。

例如「惡性腫瘤」根據腫瘤大小、轉移程度等，可分成Ⅰ～Ⅳ期。由Ⅰ期進展到Ⅱ、Ⅲ期，表示病情越來越嚴重。

根據各期病患的五年存活率，來測量在病患身上實施的治療法和藥劑等的成績。

假設某院某病患的病情正處於兩期的分界線上。如果把他分類成較輕微的那一期，他的病情就會比同期病患相對嚴重。可是如果分類成較嚴重的那一期，他的病情又比同期病患相對輕微。

如果把這名病患分類成較嚴重的那一期，比起分類成較輕微的那一期，兩期表面上的存活率都會增加。

像這種表面上的存活率增加的效果，用腫瘤學的專門術語來說，就稱為「分期遷移」（Stage Migration）。

編製醫療統計資料時，為了掌握是否存在這種效應，必須確認病患的期數分布是否有變。

就像前面房仲業者的例子，如果只是為了表面上好看而有意改變分組，那就不在我們討論的範圍內了。

最讓人傷腦筋的是非人為因素的存在，也就是像醫療統計分期遷移一樣，雖非故意，卻會影響治療實績的因素。在進行某治療法或藥劑等臨床試驗時，一定要特別小心這一點。

顯示成績的數字內可能隱含著某些戲法。請好好想想成績是如何計算出來的，磨練自己的識破本質力。

LESSON 21

此「平均數」足以代表群組嗎？

●找出部分「突出的數據」

要正確理解統計，捷徑就是**懷疑統計數據**。

這是因為統計所表示的內容並不一定正確。

以統計最常使用的「平均數」為例。我們可以把平均數當成代表群組的數值，由這個角度來看，平均數是一個便利的工具。

然而這麼**單純的平均數，其實也隱含著一些陷阱**。以下就來具體說明。

第一點就是**平均數會受到部分過於突出的數據影響**。

假設有一個一百位四十歲健康男性的群組，我們用平均數來看每年一個人平均住院幾次（住院率）。

我們用群組過去一年的總住院次數，除以一百，求出住院率。大部分的人應該沒住過院，或頂多住院一次吧。

可是群組中說不定有人身體很差，進出醫院好幾次。只要群組中有一、兩個這種人，群組平均數就會大幅提高。

例如一百人中有五人住院一次，其他人都沒住過院，此時住院率是五％。可是如果沒住過院的人當中，有一個人精神病發，進出醫院十次，住院率就會跳升到十五％。

第二點就是**群組內部不平均，扭曲平均數**。

這是美國的事例。有一項調查針對男性前列腺癌，調查每一種治療法可恢復性功能，不造成性功能障礙的比例，並將結果公開登報。

結果恢復率由高到低，依序為近接治療（由內部用放射線照射前列腺全體）、放射線治療、外科手術。根據這項調查結果做出的結論是，「近接治療最不容易引起性功能障礙」。

但是這裡必須要注意的是，原本近接治療就是「年輕且健康狀況相對較好的男性常用的治療法」。

如果注意到這一點，那麼**這項調查結果真可謂是天經地義的結果**。

所以計算平均數時，也必須注意母群組的資料是否均勻。

第三點則是**群組太小，平均數無法代表群組**。

數學定理表示，大群組的分配較穩定，偏離平均數的數據有限。

換個角度說，也就是小群組分配不穩定，平均數容易變動。

假設我們要估計某群組一年有幾人會感冒。為了讓感冒、沒感冒的分配穩定，有穩定的平均數，這個群組至少必須有三十人以上。

如果群組人數只有十幾人，即使用這些數據來計算平均數，也算不出值得信賴的結果。

那麼除了平均數外，還有什麼其他簡單好用的指標，可用來代表群組呢？

如何彌補「平均數」的弱點？

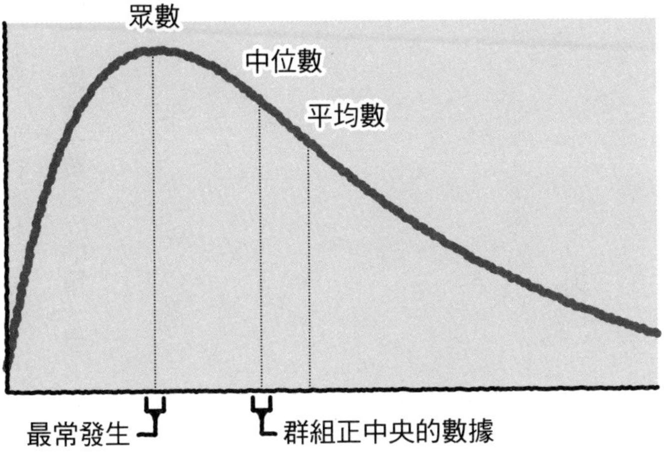

位於群組正中央的數據「中位數」，或最常發生的數據「眾數」，或許可用來做為候補指標。

事實上這些數值也可用來彌補平均數的弱點（不過因為這些數值有時不具備平均數所有的數學性質，難以處理，所以統計實務上不太使用這些數值）。

綜上所述，連可謂是統計基礎的平均數，抱持著懷疑的眼光去看，可信度都可能打折扣。

不自己思考只全盤接受統計結果，這就是錯誤的根源，應該避免。

不光是統計，在思考事物時，重要的是要試著質疑所謂的常識和前提。不論大小事，我們都不能對取得的資訊照單全收，而是要**抱著批判的態度，這就是強化「識破本質力」的第一步**。

LESSON
22

「氣溫三十度左右」的感覺因人而異

●了解統計數值的「模稜兩可」

民調的政黨支持率、電視節目收視率、藝人受歡迎程度的排行……。社會上有各式各樣的調查，但數值資料一定有誤差。

把複數資料相加、相除，當然也會影響資料中內含的誤差。

接下來就以加入數值的計算事例來說明。

對事物的感覺因人而異。例如有人覺得三十度的氣溫很熱，有人覺得還好。雖然我們可以用溫度計來量氣溫，但卻無法測量每個人的感覺。

這裡我們用可以因應氣溫改變運轉方法的空調設備為例來說明。這台設備表示氣溫的方式，不是用「三十度」這種單點的方式，而是用「三十度左右」來表示。

下頁圖的縱軸表示「歸屬度」，用零到一的數值來表示有多少程度的比例屬於這個值。歸屬度指認為該溫度為三十度的人的比例。

如果是三十度，歸屬度為一，二十八度或三十二度的歸屬度為零，二十九度或三十一度的歸屬度為零點五。換言之，「把二十九度或三十一度當成三十度也沒關係」的人，占了一半（這裡省略嚴謹的數學計算）。

這種表示方式稱為**模糊數（Fuzzy Number）**（圖②）。

模糊就表示「模稜兩可」的意思。

研究模糊數的理論就稱為模糊理論，是應用數學的領域之一。模糊數之間可以進行四則運算。

我們來計算以下的「五左右」和「二左右」吧。

首先相加。「五左右」和「二左右」的和如圖一六三頁圖③所示。兩個模糊數相加後，得到更為模糊的和。

接著是相減。「五左右」和「二左右」的差如圖④所示，和加法相同，會得

圖①

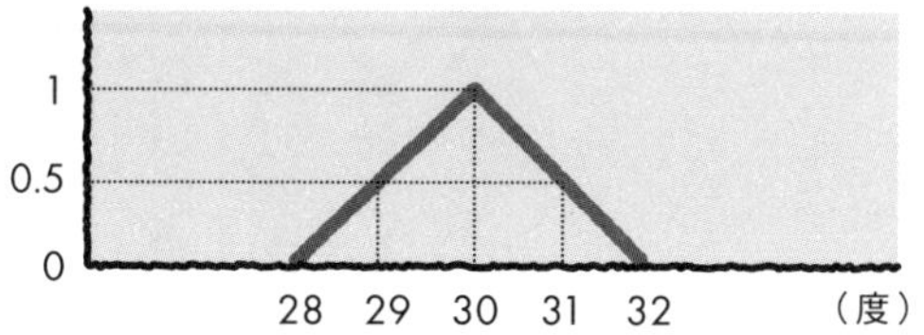

圖②

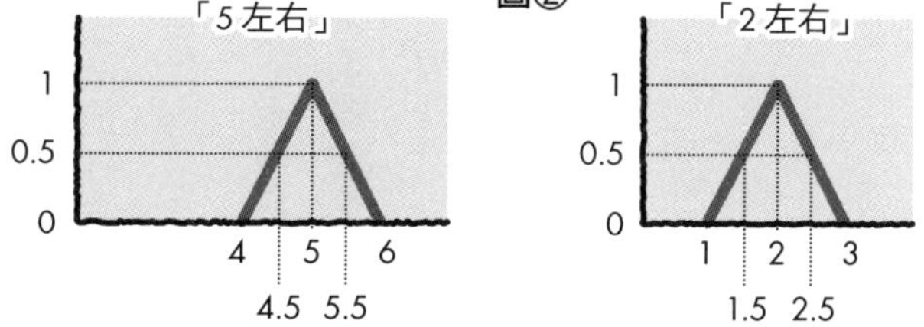

到更為模糊的差．

其次是乘法，也就是「五左右」乘以「二左右」。本例如圖⑤所示，乘積的模糊程度遠大於加法和減法。

不過如果相乘的是負一到一之間的數字，模糊程度會縮小。

而尖峰左右兩側不對稱也是乘法不同於加法和減法的特徵。

最後則是除法，「五左右」除以「二左右」。本例如圖⑥所示，商的模糊程度，和加法、減法差不多。

不過如果分母是負一到一之間的數字，模糊程度會擴大。

而且和乘法一樣，尖峰左右兩側

也不對稱。

要進行未來收支預測或社會變化等之模擬計算時，常有人提到**「累乘下去，誤差會越來越大」**。這是因為多次相乘會讓模糊程度越來越大。

可以說重複相乘時，必須注意計算結果的可信度。

所以在看數值時，重要的是不能照單全收，要懷疑數值的可信度。

請大家試著養成在看統計資料時，也想想數值內含誤差的習慣吧。

「模糊數」之間的加減乘除

圖③ 「7左右」

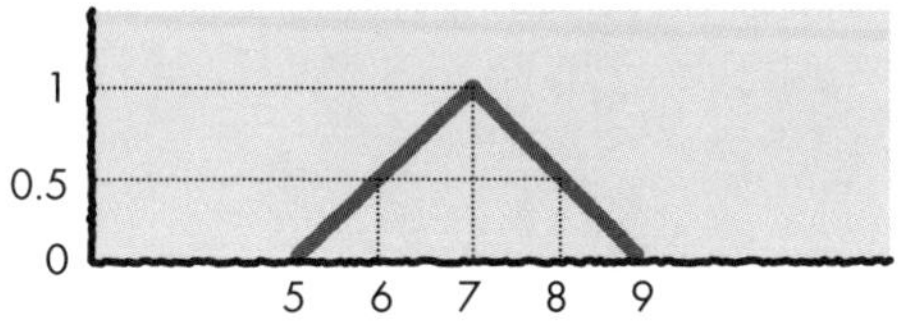

圖④ 「3左右」

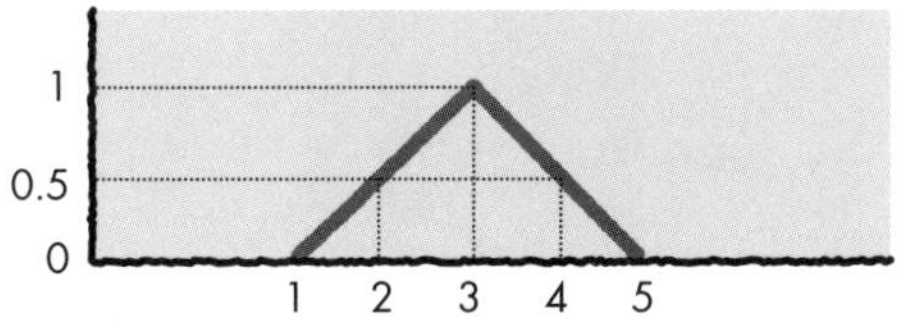

圖⑤ 「10左右」

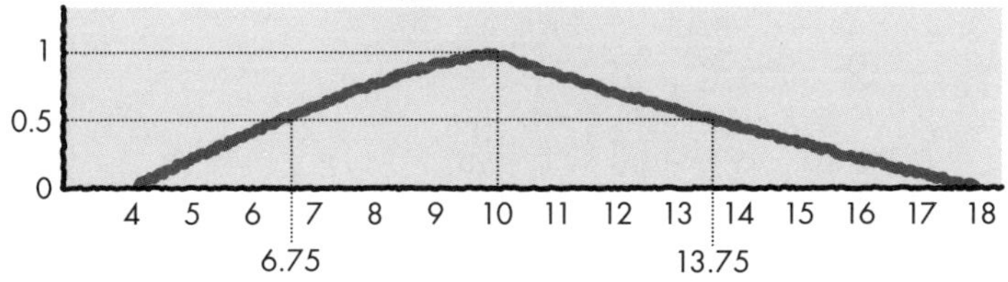

圖⑥ 「2.5左右」

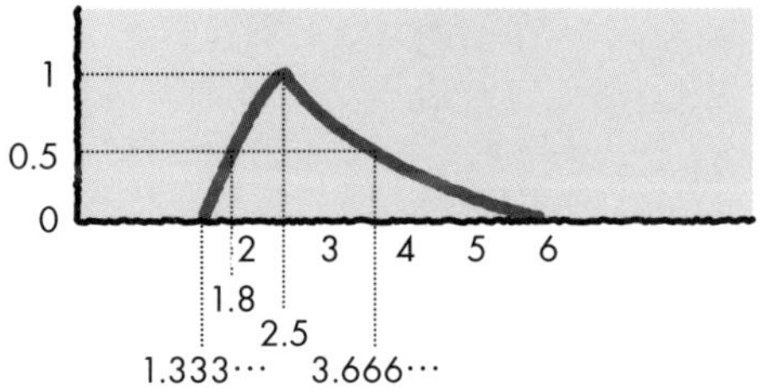

LESSON 23

看穿不適用「數量邏輯」的情形

●「以小制大」的聰明思考方法

「多多益善」是一種很單純的想法。

舉我們身邊的事例來說，「選舉」就是典型的事例。選舉的遊戲規則基本上就是「多數決」。最大的特徵就是「票多的人當選」，非常簡單明瞭。

這種想法很容易被人接受，我想大多數人也都同意這種想法。

正因為如此，我們更應該靜下心來好好想想。

老實說，我們真的可以說「多多益善」嗎？

真的可以說「數量越多，對事物的影響力越大」嗎？

我們用「股東大會」為例來看看。

股份有限公司每年都會召開「股東大會」。

「股東大會」是做出公司重要決定的決策機關，會中有各式各樣的提案。這些議案是否通過，完全由股東以多數決的方式決定。

然而股東「在表決時的影響力」，是否可說和表決權數，亦即「持股數」一樣呢？

如果根據本節一開始提到的「多多益善」的想法，那麼「持股數越多，表決時的影響力越大」。可是這種推論真的正確嗎？

假設這裡有一家發行在外流通股數為一百股的股份有限公司。

這家公司的股東為A、B、C、D四人。其中A持有三十五股，B持有三十股，C持有二十五股，D持有十股。

現在有一個議案，必須有過半數股東同意才能通過（假設沒有棄權、無效票的問題）。

此時股東D只有十股，所以不可能自己形成多數派。而且就算D和其他任一位股東合作，兩人持股數也不會過半。

因此不論股東D是贊成還是反對，對於議案的通過與否，都沒有任何影響，也可說他對於表決沒有影響力。

那麼股東C的狀況如何呢？

C持有二十五股，在四位股東中排名第三。如果和股東A合作，兩人總共持有六十股，和股東B合作則總共持有五十五股，都可過半數。

因為可以形成多數派，所以股東C的影響力可說和股東A、B相同。

「賽局理論」中有可以推論表決時影響力的指標，正可以用來表示這種狀況。這項指標就是「權力指數」（Shapley–Shubik power index），也就是常用來推論議會等的投票力的指標。

計算方法有一點複雜，本書省略不談。

用這項指數來推論即知，股東A、B、C的影響力，各為三十三・三％，如一六七頁圖所示。

不論持有股數多寡，影響力都一樣

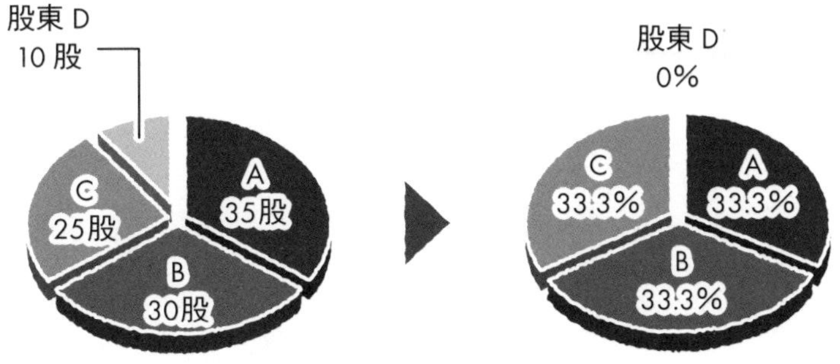

持股數　　表決時的影響力

股東D的影響力則為零。

綜上所述，雖然股東的持股數分別為A三十五股、B三十股、C二十五股，明明持股數都不同，可是表決時的影響力指標，卻一樣都是三十三・三%。

換句話說，「持股數越多，表決時的影響力越大」的推論並不成立。

接下來假設股東C（二十五股）賣了五股給股東A（三十五股）。

這麼一來四位股東的持股就變成了A四十股、B三十股、C二十股、D十股。

再用「權力指數」來計算每位股東的表決影響力，結果股東A變成四十一・七％，股東B和C各二十五％，而股東D則變成八・三％。

有趣的是股東B和C持股數相差十股，但在表決時的影響力卻一樣是二十五％。這再次證實了「持股數越多，表決時的影響力越大」的推論不成立。

順道一提，持股轉讓的影響不僅發生在買賣雙方的股東A和C身上，也會影響到未參與買賣的B和D。

從這個例子可知，即使是多數人都同意的想法，完全不加懷疑就用來推論事物，是一件危險的事。

影響表決時的影響力，這個問題不只會發生在股東大會上。在我們的生活周遭，像是町內會（譯註：當地居民的自治組織）的集會，或是國中小學的班會等，只要是多數決的場景，都會有相同的問題。

此時我們必須考慮的因素，除了各議案的支持人數外，或許還有權力指數這種表決影響力。

明明持股差10股，影響力也一樣？

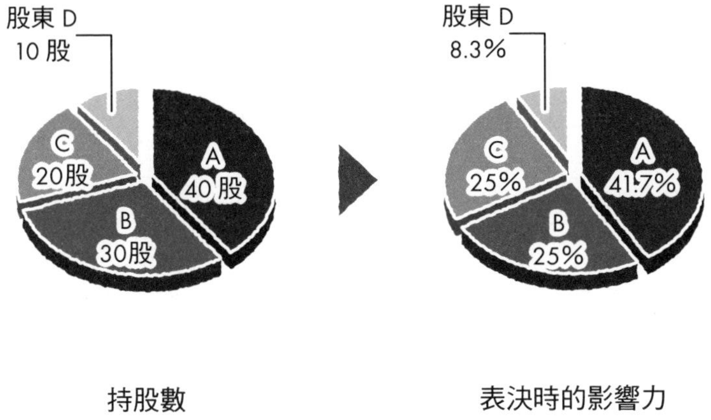

某些議案中，就算是少數派，也可能具有超出人數占比的影響力。

武學之道中有「以小制大」的說法。意思就是身形嬌小的人只要努力鍛鍊，也有可能打倒魁梧大漢。

在表決的場合，就算不能「制大」，說不定還是可以「並駕齊驅」。

「我們是少數勢力，沒用啦！」、「從數量來看，我們根本不是對手。」在放棄前，或許應該用更正面積極的態度，如「只要再增加○票，就可以增加○%的影響力」來面對。

CHAPTER

4

應該「規避」還是「承擔」風險

▶——簡單思考力

簡單思考，問題自然解決

簡單，是終極的洗練。

這是名畫《蒙娜麗莎》的畫家達文西（Leonardo da Vinci）的名言。

這句話的意思大概就是摒除一切的多餘，「只留下本質」，這正是最終極的洗練。名言還真不是三兩句話就可以解釋清楚的。

現今是一個可以輕鬆串連人、物、錢的超便利時代。但相對地，人口增加、貧富差距擴大、地區紛爭不斷、貿易摩擦、環境破壞等問題也層出不窮。世界真的可說是「越來越複雜」了。

正因為世界越來越複雜，我們才必須要有「簡單思考的能力」。

所謂簡單思考的能力，就是從亂糟糟的混沌狀態中找出重要的因素，簡潔俐落地解決問題的能力。

那要怎麼做才能「簡單思考」呢？

統計思考重視只聚焦在「重要資訊」上。

因此要先整理資訊，釐清重點。大家可以看看以下這個具體事例。

假設現在有許多業務通通掉到你頭上。上司要求的修正資料、主力客戶希望你提供報價、同事拜託你幫忙確認數值、總務請你精算經費……等，一個人不可能同時做好所有事。這也是職場上常見的情形，不知大家遇上時會怎麼辦？

一般人工作的原則，就是基於「重要且緊急的工作，放著不管會出大問題」的想法，決定工作的優先順序。可是要選出重要且緊急的工作，卻不是一件簡單的事。

此時可以先把前面的原則，想成是「放著不管也不太會出問題的工作，就沒那麼重要或緊急」（數學上稱為換質換位法）。要找出沒那麼重要、沒那麼緊急的業務比較簡單。這麼做了之後，剩下的業務就是重要且緊急的工作，必須立刻著手才行。

本章將以統計思考為基礎，介紹簡單思考的六大訣竅。

LESSON
24

保費中設定的「適當空間」是？

●「留白」保持彈性

要簡單思考，就必須有鬆弛合度的態度。

有人聽到這裡，或許會有不認真、沒有全力以赴的印象。然而不論什麼事，如果都要精密盤算完美執行，會花許多時間和工夫。而且只要狀況和環境有一點改變，還必須逐一仔細修正。

很多時候其實**掌握住重點關鍵，其他枝微末節得過且過比較好**。在此以壽險保費的設定為例來想一想。

保險是保戶集體承擔風險的架構。

萬一家中經濟支柱死亡時，遺屬為了繼續生活，通常必須要有數千萬日圓的金錢。要準備這筆鉅款並非易事。

而且也有可能就在準備這筆鉅款期間發生萬一。所以才會透過壽險機制，讓保戶互相幫助。

壽險最大的問題之一，就是群組內**各保戶面臨的風險不同**。

一般來說，只要性別和年齡不同，一年內的死亡率也就不同。一樣是男性，三十歲和五十歲的死亡率相差高達四倍。

就算年齡一樣，男性和女性的死亡率也可能差到一倍。

也就是說，三十歲男性和五十歲男性面臨的風險不同。

如果忽略死亡率的差異，針對所有保戶設定相同保費，會發生什麼事？

這就會變成容易發生萬一的五十歲男性的保障，由不容易發生萬一的三十歲男性來負擔。同理可證，容易發生萬一的男性的保障，由不容易發生萬一的女性來負擔。

這樣看來，保費負擔很不公平。

那該如何是好呢？

也就是該依照男女、年齡差異來設定保費。至少這麼一來，保費負擔不公平的狀況可以暫時獲得解決。

可是一樣是三十歲男性，有人一天到晚跑醫院，有人健康到不曾上過醫院。這兩個人付相同的保費，還是不公平。

為了把這兩人的差異反映在保費上，所以又設定健康人、一般人的費率區分基準。

話到這裡還沒說完。同樣是三十歲健康男性，兩個人可能有不同的飲食生活。A吃得很健康，每天都定時攝取三餐，也會留意進食量和營養均衡。而B有時會不吃早餐，用餐時間也不固定，餐點以高熱量、高油食物為主，營養並不均衡。

這兩個人應該付一樣的保費嗎？

如果從確保公平性的角度去追究，這兩人的飲食生活不同，發生萬一的風險自然也不同，所以結論是保費不應該相同。

可是事情沒有那麼簡單。可能有一天兩人的飲食生活習慣突然一百八十度大轉變，那時又該如何呢？

A因為工作不順利，放棄了原本健康的飲食生活，突然變得愛吃高熱量垃圾食物。

而B說不定因為健康檢查被醫師警告後，就變得很乖，每天定時攝取三餐，而且注意熱量和營養均衡，展開他的健康飲食生活。

說到這裡我要強調的是，**要將風險鉅細靡遺地反映在保費上，原本就有其極限**。

A和B之間除了飲食生活，還有其他興趣、居住地區、職業、性格、所得、持有資產……等因素，也不可能通通都一樣。

如果要把這些差異逐一反映在保費上，那就會有數百種、數千種的費率，實在不切實際。

所以到底保費應該反映哪些要素到什麼程度？這其實是一個大難題。

近年來社會大眾都很關心預防醫療和讓自己更健康的措施。許多地方政府和企業都很注意飲食、運動、睡眠等，讓大家過健康的生活，試圖延長健康壽命。

相對於此，壽險界也出現將健檢結果或日常走路等運動的內容，反映在保費上的潮流。

可是我們必須冷靜下來想一想。

因為健檢結果和運動程度不過是當下的狀態，隨著每個人對健康的態度做法，**未來很可能改變**。

如果是一年期的短期保險，或許可以在續約時重新調整保費，將每個人的努力反映在保費上。可是如果是長期保險如終身險，就必須要先想好未來狀態改變時，該如何反映在保費上。

所以針對一時的健康狀態差異，長期保險就先不反映在保費中，留點「空間」。

這種留點空間的想法，也不只會用在設定保費時。

確實掌握關鍵重點，對於其他部分則留下適當空間，以便調節。如此就可以留下在環境或狀況改變時彈性因應的餘地。

要強化簡單思考的能力，就必須能分清楚哪裡是必須確實掌握住的關鍵重點，哪裡則可以得過且過，留下空間。

所以平日就要訓練自己的觀察能力，了解容易變化和不容易變化的部分。

在外面散步時，也可以留意看看路邊現在開的是什麼花。

去便利超商買東西時，或到常去的館子用餐時，只要注意觀察，說不定就可以找出昨天和今天不同的地方。

以周遭人事物為對象，請大家一起來訓練自己吧。

LESSON 25

為何無法避免「二年級魔咒」

●用「回歸平均」挑戰常識

火車意外、餐廳的食物中毒……我們必須找出意外和事件的原因。因為不知道原因就無法解決意外和事件，甚至無法防患未然。

那麼假設分析原因後，發現「意外和事件和其他事物之間，有某種因果關係」。

此時，對此因果關係存疑很重要。因為說不定有更單純的解答。

每個人經驗到常識難以想像的事，或前所未聞的事，或多或少都會感興趣。

比方說一直以來常有人說「我看到UFO了」。有時電視還會播特別節目，播放一段圓盤型的飛行物體掠過空中的影像，做為證據。

看到這種逼真的影像，讓人更感興趣了。

有過這種經驗的人大概會想，「這種怪事不會一再發生。一定不會持續吧」。

說的也是，好像真的很少聽到有人連續中好幾次樂透最大獎，或日本都市連續三個月以上都沒下雨等。

回歸平均

每當發生特別的事，人們常常就會下判斷，認為「一定會發生可以抵消的相反事件吧」。

這在行為經濟學中，就稱為「回歸平均」。

在體育世界中常聽到「二年級魔咒」的說法。

比方說職棒表現亮眼的新人，到了第二年，就打不出第一年的好成績了。

原因當然有很多，可能是對手們針對新人研究出對策，或是選手本人得意忘形疏於練習等等。

但用回歸平均的角度切入，或許更為自然。

也就是第一年的亮眼表現畢竟是特別的事，到了第二年成績自然會回歸平均。

可是用回歸平均的觀點來思考因果關係時，有一些必須注意的地方。

第一就是**過度小看回歸平均**的例子。

假設有一個人感冒，量體溫後發現發燒了，所以吃了感冒藥。之後過了不久體溫就下降了，大家就會覺得是剛剛吃的感冒藥發揮作用了。

其實說不定量體溫時可能正好是感冒最嚴重的時候，就算不吃感冒藥，體溫也自然會下降。

只是一般人通常不會這麼想。

第二則相反，就是**過度看重回歸平均**的例子。

假設擲一枚五十元硬幣三次，三次結果都出現正面。此時擲第四次會出現正

「回歸平均」一定會發生？

感冒發燒時

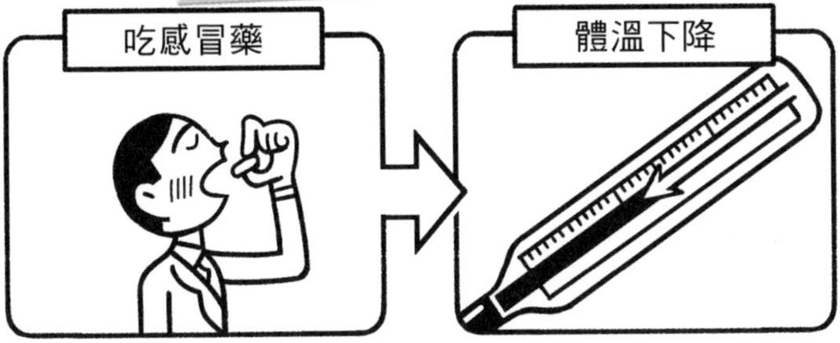

藥發揮作用了嗎？

說不定量體溫時正好是最嚴重的時候，
就算不吃藥體溫也會下降。

二年級魔咒

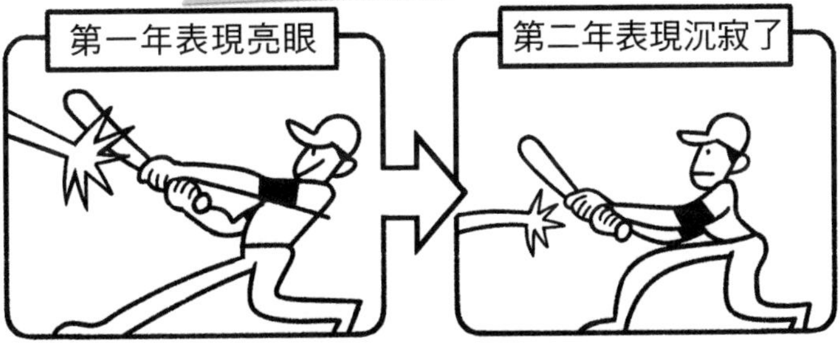

陷入低潮了嗎？

第一年表現亮眼不是常有的事。
第二年只不過回歸平均成績而已。

面還是反面呢？

「差不多也該出現反面了吧」。這種想法就是受限於回歸平均的想法。五十元硬幣出現正面和反面的機率各為一半，所以第四次出現反面的機率應該是五十%吧。

第三則是對於已發生的事件，**假設有複雜的因果關係**，而忽略回歸平均的例子。

美國著名體育雜誌有一個魔咒纏身。這個魔咒就是只要運動選手成為該雜誌的封面人物，之後就會陷入低潮，而且這個結果還有統計資料佐證。

大家想盡了各種理由，但都很難說服眾人。

說不定其實真的也沒有因果關係，只是登上封面時正好是選手的高峰期，過了高峰自然就會陷入低潮吧。

一件事發生時，是某種因果關係下的產物嗎？

還是因為回歸平均的特性而發生？

我們好像應該用自己的頭腦冷靜地推論一下。
當事件之間看起來有因果關係時，試著**懷疑該因果關係，更單純地想想看，**
就可以強化識破本質力。
就從平常開始，養成問問自己有沒有更簡單的回答的習慣吧！

LESSON 26

得不得流感之間

●「簡單思考」複雜事物的方法

複雜的事物只要「模型化」，就更容易理解。

所謂模型化就是從複雜的事物當中，**只取出重要的部分加以簡化**。只要能順利地模型化，就可以簡單地掌握事物，深入理解，同時也容易向他人說明。

接著就用具體的「感染症擴大的模型」來說明。

很久以前人類就為各種感染症所苦。即使現代公眾衛生改善，預防接種普及，仍存在著許多感染症。

在眾多感染症當中，每年都在全球肆虐，而且影響力越來越大的感染症，就是流行性感冒。日本每年到了秋冬，流感患者就會激增。

流行病學的研究人員正在研究感染症相關的數理模型。其中有幾種定量分析感染症的手法。我們來看看這些手法的概念、術語。

首先有一個術語是**「基本再生數」**（Basic Reproduction Number），記號為R_0，英語稱為R naught。這個術語表示一位感染症患者，進入對該感染症完全沒有免疫力的群組時，可以直接感染的人數。

R_0大於一時，感染會擴大，R_0小於一時，感染總有一天會終止。剛好是一時不會擴大也不會終止，就像是特定地區的疾病一樣，會在該地區生根。

過去發生過的感染症，R_0又是多少呢？醫療與公衛相關的研究機構都致力進行各種分析。

美國疾病管制與預防中心資料顯示，麻疹的R_0約為十二～十八、天花和小兒麻痺為五～七，流行性腮腺炎則是四～七。

另一項研究則顯示一九一八年肆虐全球的流感（西班牙型流行性感冒），其

R_0為二～三。

這裡有一個必須注意的地方。也就是R_0的數值會因為感染症發生的時代背景、社會、國家、病原體等，而有所不同。

實際在計算R_0時，又是怎麼算的呢？

已知做法是針對分析對象的感染症，測量和推論三大要素，亦即**「接觸一次的感染機率」**、**「每單位時間的接觸次數」**、**「感染症維持感染力的平均時間」**，然後再相乘求出。有關各要素的測量和推論方法，則有各式各樣的研究。

要預防感染症擴大，「群組免疫」很重要。這是利用群組內有免疫力的人越多，感染症越難流行的原理，來預防感染擴大的想法。

具體來說，就是採用預防接種等做法。

假設某群組正準備應付R_0＝三的新感染症。群組當中還沒有人罹患過這種新感染症。

假設有一位外部患者進入這個群組。一位患者平均可以直接感染三人。

如果此群組內三分之一的人有免疫力，直接感染就可以控制在平均二人。

如果三分之二的人有免疫力，直接感染就可以控制在平均一人。

如果超過三分之二的人有免疫力，直接感染就可以控制在平均未滿一人，這個感染症有一天自然會銷聲匿跡。

這就是活用感染症擴大的模型所做的群組免疫設計。

視感染症的R_0大小，只要讓群組內有免疫力的人，比例提高到大於$(R_0-1)/R_0$的水準，群組免疫就會發揮作用，感染症有一天就會銷聲匿跡。

將感染症擴大模型化，就可以算出群組免疫發揮作用所需的免疫力人數比例。

不過實際上並不是接受預防接種的人，都可以免疫。

假設十個人接受預防接種，卻只有五人免疫。此時要讓有免疫力的人達到必要數量，就必須讓一倍以上的人接受預防接種。

以上的R_0和群組免疫的想法，就是感染症數理模型最基本的部分。

看到這裡大家有什麼想法呢？
大家應該可以了解**化為模型，可以協助我們簡單思考並理解內容**吧。這樣做也可以改變我們看一件事的觀點，真的是很有用的智慧！

LESSON 27

到底要戴幾層「口罩」才能安心？

●「保持公正觀點」的方法

複雜的事情簡單地想，這一點非常重要。

複雜的事情維持著複雜的情形，再怎麼想也想不出好的解決方式。

只有當事物簡單易懂時，才能看清問題點所在，想出解決方式。

不過這裡也有一點必須注意。

也就是看事情、想事情時不能有所偏頗。

人類是有感情的生物，很自然地就會鑽牛角尖、有先入為主的觀念，甚至是偏見。

要讓事物單純化，就必須收起情感，保持公正的態度。

大家應該也都有經驗，要保持公正，真不是一件容易的事。

也正因為這樣，各業種都有保持公正所需的制度設計和相關原則規範。

接下來我們用醫藥品臨床試驗為例，來看看這個業界保持公正的架構。

開發醫藥品的過程中會進行臨床試驗，在患者身上使用實驗藥品。

臨床試驗為了確認實驗藥品的藥效和副作用等，會將受試者分成兩組，一組是實驗藥品組，一組是對照藥品（安慰劑）組，然後比較兩組的結果。採取這種措施是為了**排除投藥對患者心理層面的影響**。

每次投藥時準備的實驗藥品和安慰劑，患者都無法從形狀、味道、氣味等，分辨出自己服用的是哪種藥品。

當然患者本人也不知道自己屬於哪一組。

這種做法就稱為「遮蔽」或「盲化」等。

但試驗中只對患者進行盲化處理就夠了嗎？

對醫師就不需要採取任何措施嗎？

假設醫師知道某患者使用的是實驗藥品或安慰劑。醫師也是人，從醫師投藥時的表情或小動作，患者說不定就可以猜到自己服用的是哪種藥品。

或者是診療時，醫師可能會抱著先入為主的觀念看診，認為「這位患者吃的是安慰劑，所以病情應該不會改變」。

這種先入為主的觀念，不可諱言可能會影響診療結果。所以不僅患者需要遮蔽，醫師等醫療相關人士也必須進行盲化處理。

也就是說，醫師等醫療相關人士知道有A、B兩種藥劑，某患者使用的是A，但不知A是實驗藥品還是安慰劑。這種做法就稱為**「雙盲」**。

這麼一來臨床試驗就可以順利進行了吧。正當這麼想的時候，又出現一個新問題。

問題來自評估向醫師收集投藥與投藥後診斷資訊的人員。

評估人員也是人。如果他們事先知道使用的是實驗藥品還是安慰劑，再去看醫師的診療結果，說不定會影響到評估的內容。

一樣的診療說明，對於使用實驗藥品的患者可能判斷為病情改善，但對於使用安慰劑的患者可能判斷為病情不變，導致判斷結果偏頗。

因此對於評估人員，也不讓他們知道評估對象使用的到底是實驗藥品還是安慰劑，這種做法就稱為**「三盲」**。

這下總沒問題了吧！正當這麼想的時候，又跑出一個問題。

這次的問題來自彙整臨床試驗結果的資料分析人員。分析人員必須秉持公正立場解析資料。是的，分析人員也是人。如果知道自己分析的對象是實驗藥品組或是安慰劑組，可能在處理分析細節時，如補正數據或去除異常值（參閱二四三頁）數據等，會有些微差異。

另一個極端的例子，就是為了表示實驗藥品有效，還可能誘發竄改資料的行為，以求統計分析結果出現顯著差異。

因此對於資料分析人員，也不讓他們知道評估對象使用的到底是實驗藥品還是安慰劑，這種做法就稱為「**四盲**」。

如此由患者、醫師等醫療相關人士、評估人員到分析人員，都逐一進行盲化處理，才能公正地實施藥品臨床試驗。

說到這裡，這種多重盲化的做法，不也正表示一旦我們對人起了疑心，怎麼看都覺得可疑嗎？（不過一般臨床試驗大多以雙盲方式進行，大家也認為這樣應該就沒什麼問題了。）

接下來的內容，請大家當成是我杜撰的小說來看。

假設真的採用四盲的做法，分析人員的上司收到分析人員的解析結果報告後，因為他自己先入為主的觀念，他還是可能曲解報告內容。所以對於分析人員的上司也進行盲化處理吧。

再衍生下去，分析人員的上司向藥廠幹部和經營高層報告臨床試驗結果時，聽報告的人可能也有先入為主的觀念，那麼也對這些人進行盲化處理吧……。

為了斬斷無窮無盡的懷疑所衍生出的多重盲化處理，歸根結底我覺得只能相信人類追求公正、與生俱來的誠實本質。

不只醫藥品的臨床試驗，不論大小事，又要保持公正又要求簡單，並不是那麼容易的事。

可是如果放寬這個要求，在簡化的事物當中就會混入遭扭曲的看法與想法。

為保持公正，除了建立制度和原則等架構，也必須致力於提升倫理道德意識，以強化追求公正的人類誠實本質。

LESSON 28

如何「妥善分組」？

●巧妙運用「隨機要素」的訣竅

簡化事物的能力和妥善分組力直接相關。

假設有六顆蘋果要分給三個小孩。一人分兩顆很公平，沒有問題。可是如果分成三顆、兩顆、一顆，每人有一顆的差異，這種分法不公平，也不能說是適當的分法。

如果這六顆蘋果有三顆是紅色，三顆是黃色的話，每個小孩紅色黃色各給一顆，不論顏色或種類都分得很適當。

所以所謂妥善分組的「妥善」，其實包含了許多含意。

如果想把一些人隨機分成幾組，那麼每組中包含的要素數量均等，就可說是妥善的要件之一。

以下用開發醫藥品時的臨床試驗患者分組為例來說明。

上一節有提到使用安慰劑，這裡也把患者分成兩組，比較兩組的效用。

要妥善分組，就必須隨機決定哪位患者使用實驗藥品，哪位患者使用安慰劑。

至於隨機決定的方法，比方說把患者一個一個叫來，讓他們擲硬幣，出現正面就分到實驗藥品組，出現反面就分到安慰劑組。這是可以想到的一種做法。

這種做法透過擲硬幣，**導入隨機要素**。

當患者人數夠多時，用這種方法分組後，實驗藥品組和安慰劑組的患者人數應該大致相同。患者人數越多，這種做法越可行。

問題是如果患者人數很少，例如只有十二位時怎麼辦？

假設我們用擲硬幣的方式，出現正面就分到實驗藥品組。好死不死只有四次出現正面，那麼實驗藥品組的患者就只有四位。這個結果不能說是妥善分組。我們要盡可能地讓實驗藥品組和安慰劑組的患者都是六人。

區段隨機分派

此時可以想到的方法就是「區段隨機分派」（Block Randomization）。

也就是每次叫出兩位患者，針對這一組（也就是區段）擲硬幣。

如果出現正面，先進來的人就是實驗藥品組，後進來的人則是安慰劑組。

如果出現反面，先進來的人就是安慰劑組，後進來的人就是實驗藥品組。

這麼一來不但可以維持隨機決定的特色，還可以讓實驗藥品組和安慰劑組兩組患者的人數相同。

做到這裡大家可能以為大功告成了，其實可能還有一個問題。

也就是同組患者中，如果因緣巧合知道哪一位是實驗藥品組，另一位自然就知道自己是安慰劑組。

我們想避免這種狀況。

那就把一個區段的人數由兩人增加到四人吧。

每次依序叫出四位患者，決定四人中哪些人使用實驗藥品，哪些人則使用安慰劑。

假設用擲骰子的方式來決定。

如果出現一點，前兩位進來的患者就是實驗藥品組，後兩位進來的患者則是安慰劑組。

同理可證，如果出現兩點，第一位和第三位是實驗藥品組。如果出現三點，第一位和第四位是實驗藥品組。四點的話實驗藥品組則是第二位和第三位，五點的話是第二位和第四位。

如果出現六點，實驗藥品組就是第三位和第四位，其餘患者則是安慰劑組。

這麼一來，每個區段中實驗藥品組和安慰劑組患者各有兩位，而且就算因緣巧合知道其中一位患者是哪一組，剩下的三位也不會知道自己是哪一組。

一個區段的人數如果增加到六人、八人……，就算知道某患者是實驗藥品組還是安慰劑組，也可以讓同區段其他患者的組別更難被識破。

不過六人一組的狀況有二十種可能性，八人一組則有七十種可能性。要讓這

「妥善分組」的方法

以醫藥品臨床試驗為例

① 叫出四位患者， 請他們依序排好。

② 擲骰子決定要分到實驗藥品組還是安慰劑組。

1 點
- 實驗藥品　第 1 和第 2 位
- 安慰劑　第 3 和第 4 位

2 點
- 實驗藥品　第 1 和第 3 位
- 安慰劑　第 2 和第 4 位

3 點
- 實驗藥品　第 1 和第 4 位
- 安慰劑　第 2 和第 3 位

4 點
- 實驗藥品　第 2 和第 3 位
- 安慰劑　第 1 和第 4 位

5 點
- 實驗藥品　第 2 和第 4 位
- 安慰劑　第 1 和第 3 位

6 點
- 實驗藥品　第 3 和第 4 位
- 安慰劑　第 1 和第 2 位

些可能性公平出現，就必須巧妙運用撲克牌、硬幣、骰子等工具。其實這也是一大工程。

患者人數如果剛好是每一區段人數的倍數，當然沒有問題，可是世上不如意事十常八九。如果患者共有十四位，一個區段四人，分成三個區段後就會多兩人。

因此就要考慮組合不同人數的區段，如四人區段兩組，六人區段一組等。

此外也可以考慮不讓患者知道區段大小的做法。在叫出患者時不要一次叫出區段總人數，而是一位一位地叫，在決定投予實驗藥品或安慰劑時，一併（不讓患者知道）設定區段。

患者不知道自己被分到幾個人的區段中，因此就算知道其他患者用的是實驗藥品或安慰劑，也無法知道自己用的是哪一種藥。

看到這裡不禁要想，原本臨床試驗就要隨機設定，可為了隨機設定，竟然要花費這麼多心思。

不過對參與試驗的患者來說，自己使用的藥品是不是實驗藥品，可是至關緊要（大家可以想像一下自己參加臨床試驗的情形）。

特別是重病患者，對實驗藥品自然有極高的期待。

所以知道自己服用的是實驗藥品還是安慰劑，將在患者的心理層面帶來不可小覷的醫療效果。

為了自臨床試驗結果中排除心理層面的醫療效果，就必須透過區段隨機分派法妥善分組。

巧妙地加入隨機要素，可以妥善地將事物分類。這樣分類後才能簡單地探討、研究事物。

LESSON 29

生存率、死亡率的「正確看法」

●要「彈性」因應時代變化

要提高簡化事物的能力，重點就在於如何整理資訊。

整理資訊才可以看出全貌，看出自己現在處於何種狀態。

就算只能取得片斷資訊，只要經過整理，還是可以當成檢討的材料。接下來就利用流行病學的存活分析為例來說明。

很多人可能沒聽過存活分析。這是一種分析方法，用來調查某生物在各種棲息環境下的壽命差異，或者是為了量測某種醫藥品的藥效，調查用藥後患者的存活狀況。

存活分析會畫成圖表，橫軸表示時間經過，縱軸表示存活率。這麼一來，看圖就能掌握隨著時間的變化，分析對象的生物或患者的存活狀況如何變化。

存活分析時會以個體為單位，管理調查開始時間點和死亡時間點的資料。這裡有一個問題，也就是個體死亡前調查已中止的狀況。可能原因如下。

①調查對象消失。

如果是生物，可能是因為逃出柵欄而無法繼續調查。如果是患者，可能是因為搬家等換了一家醫院門診，導致無法繼續調查等。

②還未全體死亡，調查期限已到期。

一般調查都有時間限制。不見得所有個體都會在調查期間內死亡。因此調查結束時可能還有個體存活。

③非因調查原因而死亡。

例如以癌症患者為對象，調查抗癌藥劑使用後的存活狀況時，患者因為和癌症無關的急性心肌梗塞突然死亡等案例。

④調查不得不中止時。

和③的例子一樣，以癌症患者為對象，調查抗癌藥劑使用後的存活狀況時，可能因為出現顯著副作用而必須停藥。這麼一來調查自然中止。

上述這種死亡前調查中止的情形，存活分析該如何處理呢？針對這一點，最出名的方法就是保險統計法（Actuarial Method）和Kaplan-Meier法。

當個體死亡前調查中止時，保險統計法會假設中止那一期的前半段時間個體仍存活，後半段時間個體脫離調查。然後再計算各期的死亡率。

而Kaplan-Meier法則是每當出現死亡時，就計算截至該時間點為止的死亡率。而在死亡前中止時，則視為未加入調查。

這種方法計算死亡率的基準期間，不一定是一定期間如一年等，所以死亡率會稱為「○個月後的瞬間死亡率」等。

以下用具體事例來了解這兩種方法。

五位患者調查結果

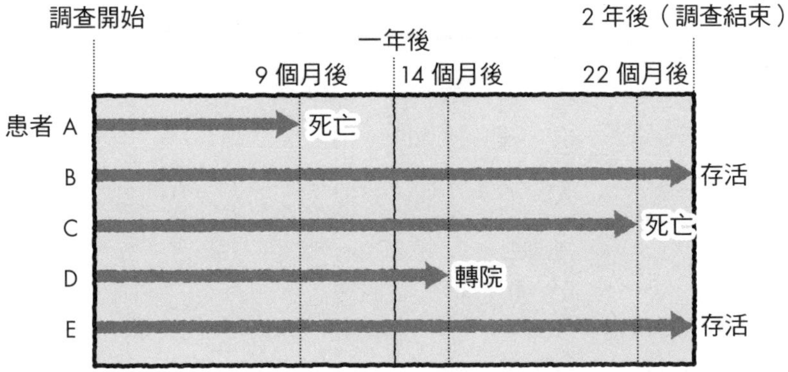

假設有一項為期兩年的調查，以某醫院的五位患者為調查對象。

患者A、C各於調查開始九個月後、二十二個月後死亡。患者D則於十四個月後轉院而脫離調查。B、E在兩年後調查結束時仍存活。

將各患者狀況以有箭頭的橫線來表示，就可畫出以上圖形。

以保險統計法來計算，第一年的死亡率為五人中一人（患者A），所以是〇．二（＝五分之一）。第二年的死亡率則因年初仍存活的四人中，患者D中途轉院脫離調查，所以視為三點五人，而其中一人（患者C）死亡，因此死亡率是〇．二八六（≒三點五分之一）。

而Kaplan-Meier法則是九個月後五人中一人死亡，所以九個月後的瞬間死亡率為〇．二（＝五分之一）。二十二個月後的瞬間死亡率，去除該時間點脫離調查的一人，為三人中一人死亡，所以是〇．三三三（≒三分之一）。

接著再根據死亡率和瞬間死亡率，用圖來表示隨著時間經過的累積存活率變化（下頁圖）。

這兩種方法的存活率水準並沒有太大的差異。但以圖形的形狀來看，保險統計法是斜線，而Kaplan-Meier法則是階梯狀的線段，給人差很大的印象（如果調查對象規模更大，Kaplan-Meier法各階梯的線段高低差會變小，成為近似曲線的形狀）。

我們來比較這兩種方法。首先在計算精度方面，保險統計法假設中止那一期

累積存活率變化

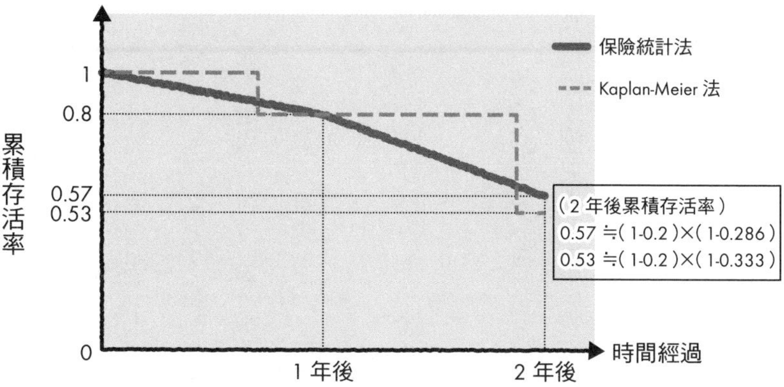

的前半段時間個體仍存活，這種假設可說過於草率。於死亡時計算瞬間死亡率的Kaplan-Meier法相對較為精確。

但以計算的麻煩程度來說，保險統計法和Kaplan-Meier法的計算次數分別是期間數、死亡個體數。如果調查對象上萬，Kaplan-Meier法的計算次數大增，計算會變得很麻煩。

過去電腦還不發達的時代，也有根據調查對象數量來選擇使用方法的做法。也就是調查對象五十位以上時採保險統計法，不到五十位時則用Kaplan-Meier法。現在因為電腦系統功能大幅提升，不論群組規模大小，都可採用Kaplan-Meier法，一般會建議採用這種方法。

像這種必須處理中止情形的假設性計算，隨著系統發達，**適用的可能性也有所改變**。過去認為妥善的方法，也應該**因應資訊處理技術的進化而重新檢討**。而且並不是只有流行病學領域有這種需要。

要提高簡單思考力，因應技術進化重新檢視整理資訊的方法，這一點至關重要。

光是計算的動作，就已歷經過手算↓算盤↓計算機↓電腦試算表軟體等的演變。

所以希望大家都能確實掌握可利用的系統性能等，仔細檢討整理資訊的方法，做出最妥善的決定。

CHAPTER

5

結果「不對」還是「合理」？

▶——彈性思考力

「稍微」改變看法，思考更有彈性

只要一開始這麼想，就會執著在這個想法上，這是人的習性。

就算理智知道不應該這麼做，但事實上只要被人指摘，就常常會意氣用事堅持己見。

有一個知名的實驗，內容是準備了昂貴的藥品和便宜的藥品，問受試者覺得哪種藥比較有效。結果多數受試者都表示「貴的藥比較有效」。可是這兩種藥的成分明明相同。

這也正是「藥貴一定比較有效」的先入為主觀念，簡單地改變了人的感覺的實例。只要是人，就很難避免先入為主的觀念和成見的影響。

也正因為如此，我們才必須培養「彈性思考力」。

所謂的彈性思考力，也就是「因應變化的能力」，不單純安於現狀，而要視環境變化，調整自己的看法和想法。

具體來說，就是**「試著換個角度來看資訊」**。

光是這麼做，就有助於發現過去看不到的內容。

例如在業務會議上討論某商品的業績。

現狀資料是以賣方立場來整理，顯示「七月A分店的銷售數量為六萬件」等。同一份數據也可以換個角度，用買方立場來看，如「七月四十多歲消費者平均購買十次」等。

這麼一來，與會者之間可能就會產生疑問，如「為什麼四十多歲消費者的購物次數比上個月增加了？」、「和其他年齡層相比，四十多歲消費者的購物次數較多，這是為什麼？」等等，討論可能因此更為熱絡。這麼一來，也有助於擬定今後的銷售策略。

「事先想好無法取得必要資訊時，該怎麼辦」，這也是一種有效做法。

我們通常會努力分析取得的資訊，卻很容易放棄沒取得的資訊。可是有時候沒取得的資訊才是重要資訊。

本章將為大家介紹活用統計思考，讓自己的思考更有彈性的六大訣竅。

LESSON 30

「不安」從何而來？

●規避未知的「艾斯伯格矛盾」

人生在世難免不安。

如果世上所有事都能事先確定，知道接下來會發生什麼事，內心應該就不會不安。

也就是說，人的不安並非來自將來會發生的事。

那麼人的內心到底是為了什麼而感到不安呢？大家一起來想想吧。

「風險管理」、「風險迴避」……報章雜誌網路等媒體上，幾乎每天都會提到風險。

風險這個詞好像和不安有些什麼關係。

你會選擇哪個壺？

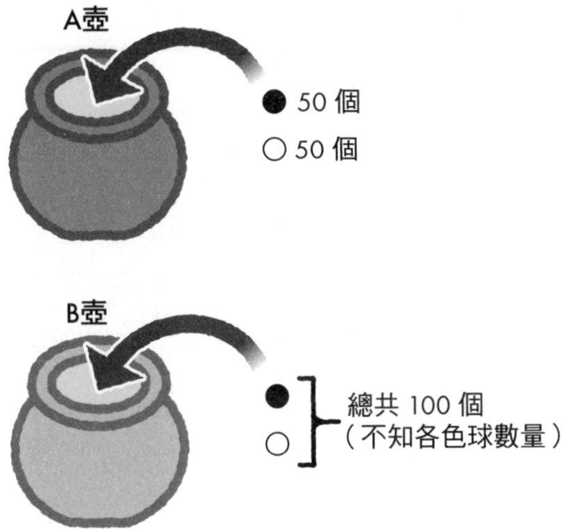

風險到底是什麼？我們就由此切入吧。

艾斯伯格矛盾（Ellsberg Paradox）

首先要介紹行為經濟學的著名理論「艾斯伯格矛盾」。

假設這裡有A和B兩個壺。

A壺中有大小形狀相同的黑球五十個、白球五十個。

B壺中總共有一百個黑球和白球，但不知各有幾個。

任選一個壺，先預言球的顏色，

然後閉上眼從那個壺中取出一個球。

如果取出的球色如同預言，就可以得到獎金。

問題就是如果是你，「你會選A或B哪一個壺？」

A壺中有大小形狀相同的黑白球各五十個，所以不管預言取出哪一色，預言正確的機率都是〇．五。

B壺各色球的數量不明。

不過「黑球有七十個，白球三十個」和「黑球有三十個，白球七十個」，這兩種其實正好相反，可能性其實是一樣的。

假設預言會取出「白球」。此時如果白球有三十個，預言正確的機率就是〇．三，如果白球有七十個，預言正確的機率就是〇．七。平均來說，預言正確取出白球的機率是〇．五。

預言取出「黑球」也是一樣的情形。

也就是說不論選哪一個壺，預言正確得到獎金的可能性其實是一樣的。

可是如果憑感覺決定的話呢？

某實驗結果顯示，選A壺的人較多。

讀者們又會如何選擇呢？

因為已知A壺的各色球數量，可以放心取出球，可是如果是B壺，因為不知內容明細，人們就會覺得不安吧。

「已知」比「未知」更能讓人安心。**人類的心理「會規避不確定性」**，這就是「艾斯伯格矛盾」的內容。

其實「未知」有以下兩種。

①已知「會發生的機率」……「風險」
②不知「會發生的機率」……「真正的不確定性」

真正的不確定性換個說法，也就是**看不到受害或損失極限的不安**。因此人才會疑心生暗鬼，懷疑東懷疑西，猜疑不斷。

這是經濟學家弗蘭克・奈特（Frank Hyneman Knight）於近百年前提倡的學說。

接下來除了剛剛的A、B壺外，再加入C壺來想想看。

假設C壺中有黑白球，但既不知總共有幾個，也不知各色球的數量。

那麼C壺預言正確取出球的機率又是多少？

假設「全部總共有一百個球」時，「黑色七十個，白色三十個」和「黑色三十個，白色七十個」，正好相反，可能性都一樣。

如果「全部總共有兩百個球」時，「黑色一百四十個，白色六十個」和「黑色六十個，白色一百四十個」，正好相反，可能性也還是一樣。

所以不管總共有幾個球，當黑色球和白色球的數量完全相反時，可能性是一樣的。

也就是說以理論計算來說，C壺預言正確取出球的機率也是〇．五。

然而就感覺來看，大部分人直覺想法大概是「C壺的未知數太多，很難選」吧。

由此可知，**「不安原因不在於風險，而在於真正的不確定性」**。

當有未知時，如果只是一直擔心害怕，只會助長不安。

要緩和不安的影響，就必須正確掌握「未知的是什麼」，然後採取相對應的對策。換言之，改變對風險的觀點，看清楚真正的「不安原因」，是最重要的一件事。

LESSON
31

真實隱藏在「手邊沒有的資訊」中

●留心「抽樣偏差的陷阱」

政府的人口普查、各傳媒的民調、聯合國世界幸福報告……。世上有各式各樣的調查存在。

主辦單位透過調查收集資料，但並不一定每次都能取得必要資訊。應該說得不到必要資料的時候反而比較多。

這種時候又該如何是好呢？

針對無法收集到的資料想一想，並不一定是徒勞無功的事。

因為有時**不在調查範圍內的資料反而能呈現出真實狀況**。

我們來看看為什麼這麼說吧。

抽樣偏差的陷阱

有關如何處理不在範圍內的資料，有一個出名的故事。

也就是二次世界大戰期間，匈牙利出身的統計學家亞伯拉罕．沃爾德（Abraham Wald）針對美國海軍戰鬥機的提議。

二戰期間他是統計研究小組成員。這個小組成立的目的是利用統計學知識協助軍方，成員都是全美數一數二的數學家和統計學家。

這個小組組織類似活用科學技術開發原子彈的「曼哈頓計劃」。只不過統計研究小組不開發武器，而是進行戰爭的統計分析。

有一次小組成員根據自歐洲戰線歸還的海軍戰機中彈狀況分析結果，提議針對較常中彈的機體部分進行裝甲補強。

沃爾德反對這項提議：

「我們取得的資訊，不過是中彈後勉強飛回基地的戰機資訊，無法就此看穿真實狀況。真正應該補強的是無法生還的戰機較常中彈的位置，也就是**生還戰機**

較少中彈的引擎部分才是。」

這是沃爾德的提議。

他的提議立刻被採用並落實。結果成效獲得認可，之後也用在韓戰和越戰中。

這可說是透過思考不在分析範圍內的資料，慧眼識英雄的一個好例子。在作業研究領域，這就是知名的「抽樣偏差的陷阱」。

換個話題。開發醫藥品時為了掌握新實驗藥品的藥效，會進行臨床試驗。一般臨床試驗中會讓多名患者和健康人士使用實驗藥品，搜集使用一定期間後的效果，以及副作用發生的數據。

此時為了比較使用和未使用實驗藥品的差異，會準備形狀、味道等酷似實驗藥品的對照藥品（安慰劑）。而且會將參與臨床試驗的受試者隨機分成兩組，一組使用實驗藥品，另一組則使用安慰劑。

在看使用一定期間後的效果和副作用時，有一些應注意的部分。也就是臨床

留意「抽樣偏差的陷阱」

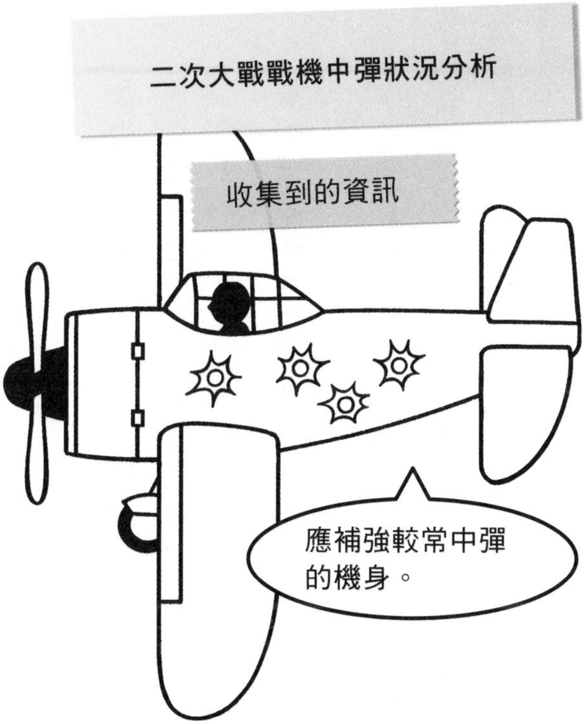
二次大戰戰機中彈狀況分析
收集到的資訊
應補強較常中彈的機身。

然而這些戰機中彈後
仍能生還。

⇩

這些資料無法反應真實狀況。

反而應該分析無法生還的戰機＝強化引擎部分！

重要的是要思考收集不到的資訊！

試驗期間內，不論是實驗藥品組或安慰劑組，都可能有受試者中止參與試驗，可能原因如下。

①患者病情生變，不得不中止服用實驗藥品。
②為進行其他治療方法，自臨床試驗對象排除，中止使用實驗藥品或安慰劑。
③因為實驗藥品或安慰劑無效，受試者自主停藥。

排除這些人後所彙整出的臨床試驗結果，又會有什麼問題呢？問題就在於這樣的結果，是來自參與臨床試驗到最後的患者和健康人士的結果，也就是資料有所偏頗，亦即有「偏差」。

以因為實驗藥品或安慰劑無效，自主停藥，而自臨床試驗資料中被排除的受試者為例來說明吧。

這就表示剩下的資料，包含許多覺得實驗藥品或安慰劑有效，而繼續服用的受試者的資料。

如果服用實驗藥品的人比服用安慰劑的人更容易感受到藥效，那就有點麻煩了。

因為試驗後取得的資料之中，除了原本的藥效差異外，還會混入「覺得實驗藥品好像比較有效」的真實感受差異。

就算實驗開始時隨機分成兩組，但最終取得的資料卻很難說是隨機的結果。

那該如何是好呢？

有關這個問題，藥學界有一個知名的方法，就是「意圖治療分析法」（ＩＴＴ，Intention-to-treat Analysis）。

這種方法就是把在臨床試驗期間，因某些原因中止的人，都當成持續服用實驗藥品或安慰劑的受試者，做為資料分析的對象。

在ＩＴＴ分析中，因為臨床試驗一開始的隨機分派持續到最後，不存在中止偏差。

特別是針對安慰劑組，自主脫離試驗的對象，其資料也仍是分析對象，因此實驗藥品實際上沒有藥效的時候，顯示這個事實的臨床試驗結果的可信度也會提高。

然而實際上要實施ＩＴＴ分析，並不是一件容易的事。

這是因為針對自臨床試驗脫離的患者或健康人士，必須逐一追蹤調查脫離後的病情和副作用。

脫離臨床試驗的受試者當中，可能有人已經離世。

或者是有人可能換了住址或聯絡方式，根本找不到人。

就算找到人，也不一定會老實告知脫離後的病情和健康狀態的資訊。

結論就是無法收集到受試者脫離試驗後的全部資料。

此外ＩＴＴ分析還有一個問題，也就是脫離試驗的受試者一旦變多，對於實驗藥品或安慰劑的持續使用，就會摻入更多假設的影響。

舉例來說，假設一個臨床試驗開始時，實驗藥品組和安慰劑組各有一百位受試者，但中途卻出現大量脫離者，結果結束時實驗藥品組剩二十人，安慰劑組只剩十人。

此時就算把脫離者（實驗藥品組八十人，安慰劑組九十人）當成分析對象，分析資料，分析出來的結果到底能不能正確顯示實驗藥品的效果和作用，實在令人懷疑。

站在維持隨機分派的立場來看，ＩＴＴ分析的確是理想做法，可是真要實施可是一項大工程。

在看臨床試驗結果時，也必須確認這些資料是ＩＴＴ分析的結果，還是排除脫離者後的分析結果（「實際治療分析法」〔Per-Protocol Analysis〕）。

看到以上的說明事例後，我們在日常生活中，也應該培養從未取得的資料中識破本質的眼力。

LESSON 32

把「壽險」和「產險」一起看，妥當嗎？

●試著區分「同質資訊」和「異質資訊」

把資訊**分成「同質資訊」和「異質資訊」**來看，是很重要的處理方式。

假設現在我們要統計一家超市一日的蔬果銷售狀況。

此時蔬菜和水果應該放在一起看嗎？蔬菜也有很多種，白蘿蔔和紅蘿蔔應該放在一起嗎？

一項資訊到底應該當成同質資訊一併處理，還是當成異質資訊分開處理？這個決定有時會影響調查結果。具體說明如後。

醫療業可看成是一種服務業。

一般服務業的設施、設備、員工等的配置，決定了可提供的服務量。從經濟

患者數與平均單價的關係

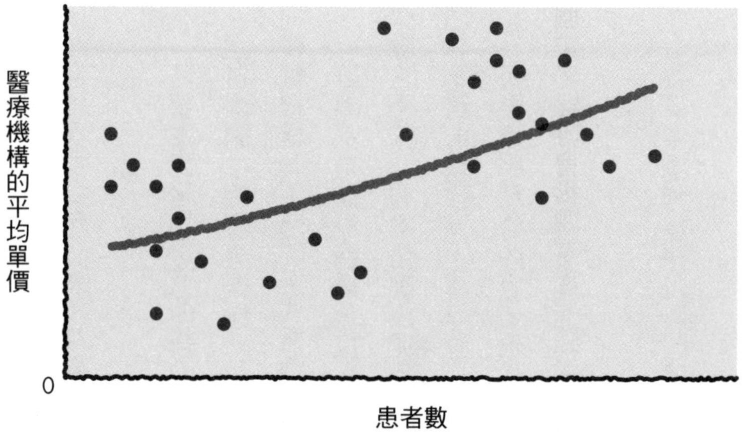

※筆者編製（資料為筆者之假設，並非實際資料）〔以下同〕

層面來分析醫療時，必須事先了解相關限制條件。

經濟學當中有「規模經濟」的存在，也就是產品、服務的平均單價，會隨著生產規模擴大而降低。

在醫療領域，如果用實際資料想確認規模經濟成立與否，有時會出現奇妙的狀況。

請看上圖。橫軸是患者數，縱軸是平均單價，標點則代表各醫療機構的資料。

根據這些標點畫出一條近似曲線，來推斷平均單價曲線，會畫出一條緩步上升的左下右上曲線。

這就表示「患者增加，單價也會增加」。也就是規模經濟的相反結果。

難道醫療業不存在規模經濟嗎？

其實這條平均單價曲線的估計內含玄機。

這張圖中的醫療機構，包含了大醫院、小醫院甚至是小診所，並未考慮到不同醫療機構有不同的主要醫療項目。

雖然都是醫療機構，但有些醫療機構是病床數超過一百床的大醫院，也有病床數三十床左右的醫院，或是不到二十床的小醫院，甚至是不提供住院服務只有門診服務的機構等，規模各異。

而醫療服務的內容，也從專科醫師利用特定醫療器材和醫藥品的先進醫療，到家庭醫師提供的基礎照護等，天差地別。

如果考慮到這些差異，就知道把大醫院和小醫院、診所放在一起來看，不太有意義。

把醫院分組後……

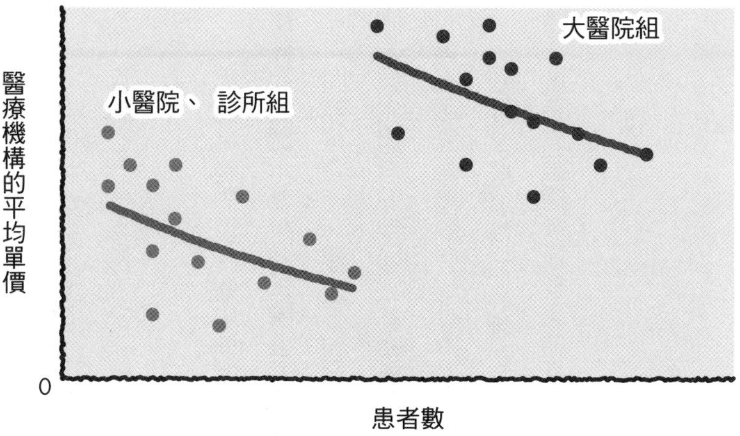

依照這些差異分群，再畫出各群的近似曲線，估計平均單價曲線，就是上圖曲線。

大醫院組和小醫院、診所組的平均單價曲線，都是一條左上右下的曲線。也就可以確認各組的確存在規模經濟。

以醫療機構為例，隨著患者數增加，提供的醫療服務內容也大為不同。分析時必須根據這些差異，將醫療機構分組。

在提供乍看之下好像很類似，其實是不同產品服務的業界，也看得到區分「同質資訊」和「異質資訊」的必要性。

例如壽險公司和產險公司都提供保險商品，有時會被相提並論。可是仔細想，壽險公司的保險商品可能是終身險或是一百歲滿期的定期壽險等，保險期間非常長。

因此壽險的資產運用期間超長期，而產險相對短期，期間大為不同。如果忽略此差異圖示分析各保險公司的資產運用資料，很可能導出錯誤的結論。

同理可證，一樣是金融界，也有大型行庫、信託銀行、地方性銀行、信用金庫、信用組合等型態，業務內容也有很多差異。在處理以公司為單位的資料時，可能必須先區分資料。

根據某些資料估計趨勢或預測未來動向時，必須先確認各資料有同質的母體。請養成根據多種資訊進行檢討時，要先思考資訊是同質還是異質的習慣吧。

LESSON 33

「問卷結果」有多少可信度？

●「取樣」會影響調查結果

看問卷調查結果時必須小心。

問卷調查的目的是要收集多數人的意見。收集到的回答會整理成圖表，加上評語後公開，這是一般做法。

看問卷調查的結果時，應該注意哪些地方呢？

大眾傳媒常常會做民調。民調通常都是隨機選出一定人數，請這些被選出的人回答問卷，屬於抽樣調查。

被選出的人就稱為樣本，而形成民意的一般大眾則稱為母體。這種做法就是用樣本來代表母體。

抽樣調查時為確保可信度，必須借助統計理論的力量，來釐清到底該選出多少人來回答問卷（以下假設調查的母體遠大過樣本數）。

假設為了估計現政權支持率，針對選民進行民調。一千位受訪者中有五百人回答「支持」。此時大眾傳媒就會報導「支持率為五成」。

可是這個支持率數字其實包含誤差。嚴格來說應該是「估計有九十五％的機率支持率為五十％，誤差三點一％以下」。真是又臭又長的說明。

總而言之，**抽樣調查一定會有誤差**。因此就會想到**增加樣本數，以減少誤差**的做法。

要讓支持率的誤差小到一％，必須找幾人來回答問卷呢？

就統計理論的角度來看，必須收集到九千六百零四位受訪者的問卷。也就是說，問卷受訪者人數必須增加到十倍。

如果可以預知「調查結果應該不會是五五波，會偏重一邊吧」，那就可以減少受訪者人數。

例如根據事前調查結果，事先已經知道支持率是二十％左右時，為了達成「九十五％的機率，誤差一％以下」，就必須有六千一百四十七位受訪者（以上皆省略計算過程）。

抽樣調查時樣本數越多誤差越小，另外一個重點就是**要隨機抽樣**。如果只針對住在東京都的三十多歲男性上班族調查，就不能說是隨機抽樣。

或許有人在看大眾傳媒的民調時，曾看過「分層兩段隨機抽樣」的名詞。這個方法就是先把全日本分成幾區，再將區內的鄉鎮市，按都市規模、各產業就業人口結構等分成一定的層數。

然後根據各區人口數多寡，等比例自各層隨機抽出調查地點。然後各個調查地點再隨機抽出一定數量的樣本。

這麼做就可以隨機抽樣。

這是美國的事例。以前有一家傳媒用隨機打電話給消費者的方式，進行民調。可是聽說結果訪問不到沒有電話的低收入者，以及會看來電者是誰再決定要不要接電話的高收入者，回答的人都是中等收入者。

在家用電話減少，智慧型手機等成為主要聯絡方式的現代社會，可能必須審慎考慮用電話做問卷調查的可行性。

為了收集大家的意見，抽樣調查很有效。

然而大家千萬不要忘記，**樣本「數量」和「抽樣方法」**會影響調查結果。

因此在看問卷調查結果時，也不能照單全收。**針對調查結果的誤差及調查時的樣本，應保持彈性思考。**

LESSON 34

思考今後企業必要的「次經驗法則」

●「穩定的策略」，不無謂地樹敵

世上到處都有競爭。

以產業界來說，為了銷售商品增加獲利，企業之間互相競爭。以政治界來說，各政黨經由兌現政策支票贏得支持率之爭。組織內部也有部門之間的競爭，再細分下去還有個人之間的競爭。

只要是生物，為了存活，就必須參加弱肉強食的競爭，這是宿命。

既然參與競爭，**視狀況選擇合適的策略就很重要**了。

「賽局理論」就是研究這種競爭環境和策略的學問。不一樣的競爭環境就有不同的策略，以下來看看具體說明。

首先要看的是**「穩定的策略」**。

所謂穩定的策略，也就是當某群組內所有競爭者都採取該策略時，即使群組外部出現採取其他策略的競爭者，也可預防這些競爭者入侵的策略。

只要採取穩定的策略，就可以在競爭中占上風。

以和初次見面的人打招呼為例。

在日本，打招呼時通常都會一併鞠躬。在鞠躬文化中長大的日本人一旦去了美國，多數也會用握手來取代鞠躬。因為在美國，打招呼時通常會握手。

反之，當美國人來到日本時，就會改用鞠躬。

也就是說以打招呼為例，**在日本用鞠躬，在美國用握手，可說是穩定的策略**。

接著來看看藥廠之間的競爭。

製藥界醫藥品的開發、製造競爭極為激烈，這已經是見怪不怪的事了。只要採取**「新藥開發策略」**，成功開發出新藥，就可以受專利保護，在一定期間內獨占市場。但新藥開發的成本龐大，而且不一定會成功。

相對於此，另一種策略則是**「老二策略」**，也就是製造和其他公司開發的藥品相同成分的學名藥，在專利藥專利期滿的同時，低價上市。

假設業界只有A公司一家公司採取新藥開發策略。此時A公司不用擔心有其他公司會捷足先登，可以安心慢慢研發新藥，然後有一天開發成功就可以獲利。

而採取老二策略的公司之間，因為激烈的銷售競爭，獲利應該有限。

再換個角度來看，假設採取老二策略的公司只有B公司一家。此時採取新藥開發策略的公司之間，只有成功開發出新藥的公司可以獲利，其他公司無法獲利。

而B公司可以靠著銷售學名藥，確實獲利。

綜上所述，在製藥業的醫藥品開發、製造競爭中，不論是新藥開發策略或老二策略，都說不上是穩定的策略。

那麼在這種競爭下，什麼樣的策略才是穩定的策略呢？

答案就是併用新藥開發策略和老二策略的**「混合策略」**。

採取混合策略時，會視其他競爭者的策略，在兩種策略中適當地提高較少公司採用的策略的比重。

採用混合策略時成功關鍵有三。

①觀察其他競爭者。
②隨機應變，改變自己的策略。
③追求遠利的觀點。

實際上執行混合策略時，必須有「為了決定採用哪種策略的策略」。

這種策略比前面看過的單純策略更高一個層次，被稱為**「次經驗法則」**（Meta-Heuristic）。

開發醫藥品的有利策略是？

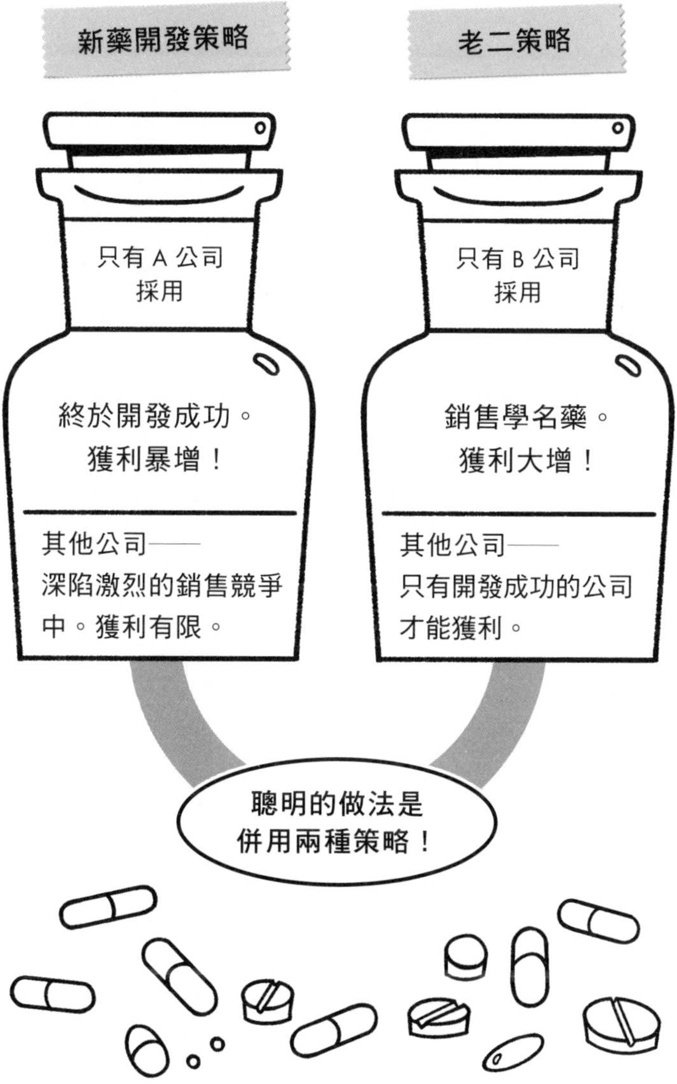
新藥開發策略
只有A公司
採用
終於開發成功。
獲利暴增！
其他公司——
深陷激烈的銷售競爭中。獲利有限。
老二策略
只有B公司
採用
銷售學名藥。
獲利大增！
其他公司——
只有開發成功的公司才能獲利。
聰明的做法是
併用兩種策略！

事實上大多數企業都必須考慮採用次經驗法則才行。

請大家回顧自己採取的策略，到底屬於哪一種吧。採用穩定的策略時，就依照策略競爭即可。如果採用的策略不是穩定的策略時，就必須改變策略。參考其他人的策略，先試著寫出可能採用哪些策略。

在什麼樣的狀況下，適合哪種策略呢？

請養成思考這個問題的習慣。久而久之，自然可以探討如何運用次經驗法則。

LESSON 35

「正常」與「異常」的界線

●懷疑常識，用「自己的頭腦思考」的方法

到哪裡算正常，異常又要從哪裡算起？

要畫出這條界線，很容易就會依賴主觀判斷。

其實統計學中有客觀判別的方法。學會這種方式，應該也有助於培養更好的彈性思考力。

統計分析時，由母體取樣的資料會顯示出各種分布型態。

所以分析人員就會描繪資料的分布圖，計算平均數和標準差（表示資料散落在平均數附近形態的數值），以掌握母體特徵。

此時「異常值」就是一大問題。

所謂異常值，就是相較於其他資料，特別大或特別小的資料。例如收集身高資料時，如果出現二點三公尺這種數值，就可說是異常值。

某個數值和其他數值相比，明顯特別大時，就要考慮是否把這個數值視為異常值，並不列入計算。

然而這不是一個容易做的決定。

這是因為統計的負責人**不能主觀判斷**「這筆資料不論怎麼看，都和其他資料差很多，所以要當成異常值」等。

之所以不能主觀判斷，是因為擔心換一個負責人，異常值與否的判定可能就會改變，這樣事情就一發不可收拾了。

所以統計學家才會想出許多客觀判別異常值的方法。

首先有一種方法就是**利用平均數和標準差的方法**。

去除問題資料，用剩下來的數值計算平均數和標準差的數值。問題資料「如果落在平均數正負三倍標準差以外的範圍，就判斷為異常值」。

不過困難的是如果資料數少，平均數就不穩定，難以判斷異常值。

所以另一種方法就是**利用資料的四分位數的方法**。

將資料依序由小排到大，就可以找出相當於全體四分之一、四分之三位置上的資料。

這兩筆資料就是所謂的第一四分位數和第三四分位數。

算出兩筆四分位數的差後乘上一點五倍。

將這個數值和第三四分位數相加，如果資料大於相加後的數值，就判斷為異常值。同理可證，第一四分位數減去這個數值，如果資料小於相減後的數值，也判斷為異常值。

接著用身高為例來說明。

收集身高資料後，假設第三四分位數為一點八公尺，第一四分位數為一點六公尺。兩者差零點二公尺，一點五倍就是零點三公尺。

第三四分位數加上零點三公尺得出二點一公尺，所以大於二點一公尺的資料就判斷為異常值。

根據這個方法，如果有一筆資料是二點三公尺，這筆資料就是異常值。

然而當資料集中在中央時，這種方法算出的兩個四分位數的差異很小，就會出現許多異常值。

由此可知，要機械性地判斷異常值，並沒有想像中簡單。

所以最主流的判斷方法，就是畫出資料分布圖，然後看看一筆資料在全體群組中的偏離狀況。

接著來想像一下同時有身高和體重這兩種資料的情形。

假設兩個成人群組有同樣的身高和體重的平均數。

我們以橫軸為身高，縱軸為體重，試著畫出兩個群組的資料分布圖。

左圖資料A是同一人的資料，在兩個群組中都有這個人。他的身高比群組平均數高出許多，體重則和群組平均數相同。此時對這兩個群組來說，應不應該判斷資料A為異常值呢？

看看身高體重的分布圖

資料很分散的群組

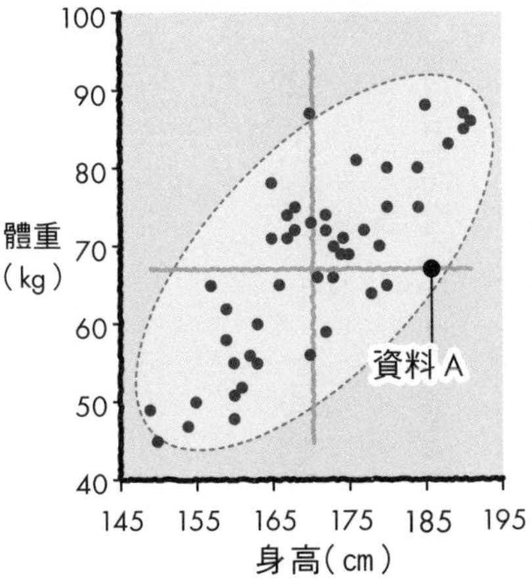

資料相對集中的群組

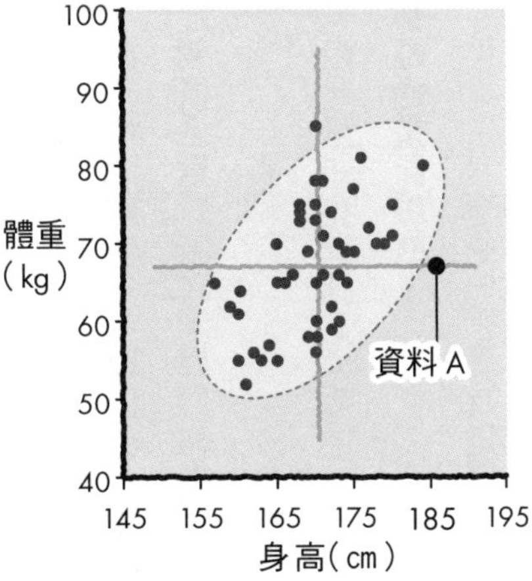

※示意圖

此時就必須去思考由資料的平均位置（圖中的十字線交點）來看，這筆資料和其他資料相比，到底位於多遠的位置。

所以就先定義距離平均數的距離，當這個距離超過一定數值時，就判定為異常值。

圖中傾斜的點線形成的橢圓形，表示和平均數距離相等的位置。

落在點線範圍外的資料，就會被判定為異常值。這麼一來，剩下的問題就是這個橢圓形的大小要如何設定了。

圖中設定的橢圓形，是全體資料

的九十五％都落在橢圓內的大小。結果資料A在資料很分散的群組中，無法被判定是異常值，可是在資料相對集中的群組中，就會被判定為異常值。

這裡的距離，和一般我們對固定距離的概念不同，會隨著資料的分布情形而改變。

最早提倡這個距離的人，是印度統計學家馬哈拉諾比斯（Prasanta Chandra Mahalanobis），所以這個距離被稱為「馬氏距離」（Mahalanobis' Distance）。一般的距離概念是絕對基準，在統計上則是相對尺度。

異常值的判斷，重要的是它在群組中的相對位置關係。因此在統計上，將距離這個概念重新定義成相對的概念。

由此可知在統計上，為了判別從哪裡開始算是異常，**連距離這種常識性的概念都經過重新檢討**。

世界上有一些「原以為是理所當然的事，其實一點也不理所當然」。

有句俗話說「要對常識存疑」，有時候大膽地重新檢討常識，或許也是必要的。然後或許就可以找到新天地了。

後記
快樂地鍛鍊「用自己的頭腦思考的能力」

感謝大家看完本書。

看到最後，我想大家應該同意「統計思考」的想法，可以應用在日常生活各式各樣的場景中。

近年來隨著電腦和人工智慧（ＡＩ）技術大躍進，已經可以輕鬆處理龐大的資料量，也就是所謂的大數據了。

統計處理也較幾年前更為簡單，很容易就可以輸出結果。

然而電腦雖然可以處理資料，卻無法思考。

「讀取、解釋、判斷」統計結果，也就是思考，這是我們人類的工作。

時代已經逐漸進展到由人工智慧來解釋統計結果。即便如此，也不代表人類「思考、判斷」的角色變得輕鬆了。

統計思考的「主角是人」。

電腦無論再怎麼進化，我想鍛鍊「用自己的頭腦思考的能力」永遠重要。

本書隨處加入了統計思考的樂趣。

希望本書能對大家鍛鍊思考能力有所助益。

這也會是我最高興的事。

國家圖書館出版品預行編目(CIP)資料

能幹的人用統計思考判斷 / 篠原拓也著 ; 李貞慧譯. -- 初版. -- 臺北市 : 商周出版 : 家庭傳媒城邦分公司, 民109.03
256面 ; 14.8x21公分. -- (ideaman ; 115)
譯自 : できる人は統計思考で判断する
ISBN 978-986-477-785-3(平裝)

1.統計學 2.思考

510 109000508

ideaman 115

能幹的人用統計思考判斷

「統計思考」教你識破真相，正確決策，學會用自己頭腦思考的35堂課

原著書名／できる人は統計思考で判断する
原出版社／株式会社三笠書房
作者／篠原拓也
譯者／李貞慧
企劃選書／劉枚瑛
責任編輯／劉枚瑛

版權部／黃淑敏、翁靜如、邱珮芸
行銷業務／莊英傑、黃崇華、張媖茜
總編輯／何宜珍
總經理／彭之琬
事業群總經理／黃淑貞
發行人／何飛鵬
法律顧問／元禾法律事務所 王子文律師
出版／商周出版
台北市104中山區民生東路二段141號9樓
電話：(02) 2500-7008 傳真：(02) 2500-7759
E-mail：bwp.service@cite.com.tw
Blog：http://bwp25007008.pixnet.net./blog
發行／英屬蓋曼群島商家庭傳媒股份有限公司城邦分公司
台北市104中山區民生東路二段141號2樓
書虫客服專線：(02)2500-7718、(02) 2500-7719
服務時間：週一至週五上午09:30-12:00；下午13:30-17:00
24小時傳真專線：(02) 2500-1990；(02) 2500-1991
劃撥帳號：19863813 戶名：書虫股份有限公司
讀者服務信箱：service@readingclub.com.tw
城邦讀書花園：www.cite.com.tw
香港發行所／城邦(香港)出版群組有限公司
香港灣仔駱克道193號超商業中心1樓
電話：(852) 25086231傳真：(852) 25789337
E-mailL：hkcite@biznetvigator.com
馬新發行所／城邦(馬新)出版群組【Cité (M) Sdn. Bhd】
41, Jalan Radin Anum, Bandar Baru Sri Petaling,
57000 Kuala Lumpur, Malaysia.
電話：(603)90578822 傳真：(603)90576622
E-mail：cite@cite.com.my

美術設計／簡至成
印刷／卡樂彩色製版印刷有限公司
經銷商／聯合發行股份有限公司
電話：(02)2917-8022 傳真：(02)2911-0053

■2020年（民109）3月10日初版
定價／350元
Printed in Taiwan
城邦讀書花園
www.cite.com.tw

ISBN 978-986-477-785-3

Idea man